Werner Loch
Karl Görres

Politische Karikatur und ihr Einsatz im Unterricht

Frankonius Verlag, Limburg

© 1985 Frankonius Verlag, Limburg,
in: Pallottinerdruck und Lahn-Verlag GmbH, Limburg.
Lektorat: Jürgen Schymura.
Umschlaggestaltung: Hans Otto, Pallottinerdruck.
Gesamtherstellung: Pallottinerdruck und Lahn-Verlag GmbH, Limburg.
Alle Rechte vorbehalten, soweit nicht bei Übernahmen in den
jeweiligen Quellenangaben die Rechtsinhaber genannt sind.

ISBN 3-87962-093-8

INHALTSVERZEICHNIS

VORWORT

Die Karikatur als grafisch gestalteter Kommentar nimmt heute in nahezu jeder Zeitung einen festen Platz ein und ist nicht mehr wegzudenkendes Medium im Prozeß der politischen Meinungsbildung. Dagegen nimmt das Medium »Karikatur« in der historisch-politischen Bildungsarbeit immer noch nicht den Stellenwert ein, der ihm aufgrund seiner didaktisch-methodischen Bedeutsamkeit zusteht. Denn das Medium »Karikatur«

— gewährt eine direkte Begegnung mit »Geschichte«,

— verlebendigt den Unterricht durch seine Bildsprache und fördert damit das Interesse an »Geschichte«,

— bietet Anregungen für das selbständige Arbeiten des Schülers,

— führt zu historischem Problembewußtsein und Reflektieren,

— erleichtert durch seine Anschaulichkeit die Sicherung und Vertiefung der Unterrichtsergebnisse.

Der vorliegende Band verfolgt die Absicht, die Lehrenden zu einem verstärkten unterrichtlichen Einsatz dieses Mediums zu ermuntern. Er bietet eine Sammlung von 47 Karikaturen, die insbesondere für den Geschichtsunterricht in der Sekundarstufe I bestimmt sind, aber auch in dem weiten Bereich der politischen Bildungsarbeit Verwendung finden können.
Jede Karikatur ist in ihren historischen Bedingungsrahmen eingeordnet. Neben ihrem Bedeutungsgehalt werden Einsatzmöglichkeiten im Unterricht mit Entschlüsselungshilfen aufgezeigt.

1. Die politische Karikatur als Medium in der historischen Bildung

1.1 Die politische Karikatur — ein Dokument der Geschichte

Karikaturen sind Dokumente der Geschichte. Zum Zeitpunkt ihrer Entstehung machen sie direkte Aussagen über bestimmte aktuelle Vorgänge, Ereignisse, Sachzusammenhänge, Zustände und Handlungsvollzüge, die gerade die Öffentlichkeit bewegen. Karikaturen sind Bildquellen, die also keine nachträgliche Optik darstellen, sondern eo ipso historische Authentizität bieten. Sie gehören zur Geschichte als Geschehen und nicht als dargestellte Vergangenheit. Dadurch vermitteln sie Erkenntnisse über politische, gesellschaftliche und soziale Verhältnisse, die in der jeweiligen Epoche Brisanz besaßen, sowie über das allgemeine politische Klima bzw. die Stimmung in der Bevölkerung.

Das Medium »politische Karikatur« ist eine spezielle Form der engagierten und kritischen künstlerischen Darstellung, die sich mit einer eindeutigen politischen Aussage in der Öffentlichkeit Wirkung erhofft. Als solche hat die Karikatur eine andere inhaltliche und funktionale Bedeutung als die üblichen Anschauungsmittel wie Gemälde, Zeichnung oder Foto. Sie hat aber keineswegs nur die Aufgabe, Zeitungs- und Zeitschriftentext aufzulockern, um Leser zum Schmunzeln oder Lachen zu animieren. Die Karikaturen stehen in ihrer überwiegenden Mehrheit auf seiten der freiheitlichen Demokratie und der rechtsstaatlichen Ordnung. Mit Hilfe ihrer komprimierten grafischen Bildsprache greifen sie die Allgemeinheit interessierenden Probleme auf, um im Bewußtsein der »sehenden« Zeitgenossen affektive und kognitive Prozesse zu mobilisieren.[1]

Werden Karikaturen mit dieser Absicht veröffentlicht, dann besitzen sie eine dem Situationskommentar oder der Tatsachenreportage vergleichbare Funktion. Insofern sind sie Mittel der politischen Agitation, Mitinitiatoren der öffentlichen Meinungsbildung und typisches Begleitelement im Demokratisierungsprozeß; Presse- und Meinungsfreiheit bilden dabei die grundlegenden Voraussetzungen. In totalitären Staaten hingegen dient die Karikatur der Stabilisierung des Systems; sie greift deshalb niemals dessen Repräsentanten oder die eigene Ideologie an. In demokratischen Staatswesen mit rechtsstaatlich garantierter Pressefreiheit zerrt die Karikatur mit beißender, entlarvender und überspitzter Kritik gesellschaftliche und politische Mißstände, Ungerechtigkeiten, Willkürakte, Korruption, Schwächen, Fehler und Bosheiten der Herrschenden ans Licht der Öffentlichkeit. Wie Cartoons verdichten, vereinfachen, analysieren und strukturieren Karikaturen komplizierte politische und gesellschaftliche Vorgänge und Verschachtelungen, um sie auf eine »gemeinsame Formel« zu bringen und damit begreifbar zu machen. Mit den Stilformen der Übertreibung, der Parodie, der Ironie, der Komik, des Witzes und Humors wird das Vorgehen der anonymen Mächte und Gewalten, das Handeln der agierenden Prominenten transparent gemacht und der Lächerlichkeit preisgegeben. Der interessierte und kritische Beobachter versteht die Karikatur als »Seismograph« der jeweils herrschenden öffentlichen Meinung und historischer Krisensituationen.

Der Begriff »Karikatur« ist von dem italienischen »caricare« abgeleitet, das wörtlich übersetzt »beladen, belasten« bedeutet. Zur heutigen Bedeutung führte aber erst der Begriff »caricatura«, der soviel wie »das Übertriebene, das Überladene« heißt. Als Ursprungsland der Karikatur kann Italien jedoch nicht angesehen werden. Bereits im antiken Ägypten nutzte man die Möglichkeit, Menschen und Ereignisse als Gestalten und Vorkommnisse aus dem Tierreich zu schildern. So entstand zur Zeit Ramses III. (1197—1165 v. Chr.) ein Papyrus, das einen Löwen und eine Antilope beim Schachspiel zeigt. Das dem Genre »Karikatur« zugrundeliegende Phänomen, mit dem Ausdrucksmittel der bildenden Kunst komplexe und vielschichtige Sachverhalte darzustellen, dürfte also wesentlich älter sein als der Begriff selbst.

---

1 Uppendahl H., u. a., Die Karikatur im historisch-politischen Unterricht, Freiburg, Würzburg 1978, S. 9.

Seit Vervielfältigungen durch den mechanischen Buchdruck möglich geworden sind, begleiten auch Karikaturen als Kommentare die Geschichte und greifen in die politischen Auseinandersetzungen ein. Wesentlich verbessert wurden die technischen Voraussetzungen mit der Erfindung der Lithographie im Jahr 1798 durch Alois Senefelder.

Im Mittelalter richtet sich die Karikatur in Form von Einblattdrucken z. B. gegen einzelne Stände wie Mönche, Patrizier, Richter oder Gelehrte. Erste vervielfältigte Karikaturen tauchen erst ab der Reformationszeit auf. Während des Bauernkrieges erscheint eine Fülle illustrierter Flugblätter und Kampfzeichnungen. Ab jetzt wird auch die Obrigkeit aufs Korn genommen und mit Hilfe der Karikatur gegen die absolutistischen Herrschaftsformen in Staat und Kirche polemisiert. In der Neuzeit kritisieren Karikaturen alle möglichen Erscheinungen des öffentlichen Lebens: Aggressionen der Machthaber und Regierenden, Willkürmaßnahmen der Polizei, Auswüchse beim Militär, in Politik und Gesellschaft.

Aber erst im 19. Jahrhundert rückt die Karikatur zunehmend in das Bewußtsein der breiteren Bevölkerung und wird nicht mehr wegzudenkender Bestandteil satirischer Zeitschriften. In Deutschland gewinnt die Karikatur in der Revolution von 1848/49 erstmals an Bedeutung, während die Engländer und Franzosen bereits auf eine längere Tradition zurückblicken können. Zu Paris gründet Charles Philipon 1830 die Zeitschrift »La Caricature«, nach dem Urteil von Eduard Fuchs »die erste politische Zeitschrift im modernen Sinn«.[1] 1832 folgt die erste Ausgabe von »Charivari«. Mit dem Bildjournalisten und Karikaturisten Honoré Daumier (1808—1879) erlebt die Karikatur in Frankreich einen wohl einmaligen Höhepunkt. Deutschland erhielt erst 1844 mit dem Erscheinen der »Fliegenden Blätter« in München eine satirische Zeitschrift mit vorzüglichen Karikaturen. Daneben waren »Leuchtkugeln«, »Münchener Punsch«, »Kladderadatsch« und »Reichsbremse« wichtige Verbreitungsmedien karikaturistischer Produktionen. In der Zeit nach 1848 erlangten der seit 1879 erscheinende »Wahre Jakob« und der von Albert Langen 1896 gegründete »Simplicissimus« als Organe scharfer Gesellschaftskritik nationale Bedeutung.

Generell ist festzustellen, daß die Produktion karikaturistischer Grafiken immer dann anstieg, wenn in Krisenzeiten etablierte Herrschaftsformen, gesellschaftliche Zustände und Traditionen in Frage gestellt, verändert oder beseitigt wurden.

1.2 Didaktische Überlegungen zum Medium »Karikatur«

Der Karikaturist wählt den Weg der »nonverbalen Kommunikation«. Die häufig beigefügten Texte sind entweder integrierender Bestandteil der Karikatur oder sie dienen als Verständnis- und Interpretationshilfen, da die grafisch-bildlichen Elemente meist keine hinreichenden Erschließungshilfen geben.

Die Karikatur bietet sich als Bilderrätsel oder auch als Kurzgeschichte an. Ihr Verstehen ist jedoch von der Kenntnis der jeweiligen historisch-politischen Hintergründe, der damaligen kulturellen Bedingungen und dem individuellen Erfahrungsstand des Betrachters abhängig. Indem der Karikaturist eine Situation schlaglichtartig beleuchtet, will er zur Reflexion anregen. Dabei treten jedoch spezielle Probleme der Entschlüsselung auf. Dem eingeweihten und politisch informierten Zeitgenossen ist der in einer Karikatur dargestellte Vorgang meist unmittelbar einsichtig. Schwierigkeiten bereitet dem Betrachter historischer Karikaturen jedoch der zeitliche Abstand, da uns häufig die Bild- und Symbolsprache früherer Epochen nicht mehr

---

1 Fuchs, E.: zitiert bei Hollweck, L., Karikaturen. Von den Fliegenden Blättern zum Simplicissimus, München 1973, S. 8.

bekannt ist. Unter Verzicht auf alles Nebensächliche verdichtet der Künstler seine Aussage auf das Charakteristische, Typische und Wesentliche einer Erscheinung. Dazu verwendet er häufig das Stilmittel der Verzerrung. Die natürliche Harmonie und Physiognomie, das bekannte Gleichgewicht der Einzelteile ist aufgehoben, andere Teile sind übersteigert und übertrieben. »Tiergestalt mischt sich mit Menschengestalt, das Leben mit dem Unorganischen. Technische Vorrichtungen erscheinen als Glieder des menschlichen Körpers.«[1] Ein Hai wird zu einer Rakete, ein Kopf zu einem Dudelsack, eine Nase zu einer Flinte.

Die Geschichtsforschung analysiert Karikaturen nach dem Verfahren exakter Quellenarbeit, wobei sie etwa die folgenden Leitfragen zugrunde legt:

— Wann und wo entstand die Karikatur?
— In welchem Medium wurde sie veröffentlicht?
— Was ist über den Künstler bekannt?
— An welchen Adressaten wendet sie sich?
— Auf welches Ereignis, welchen Sachverhalt, welche Person bezieht sie sich?
— Welchen Standpunkt nimmt der Karikaturist ein?

Beim unterrichtlichen Einsatz von Karikaturen werden vom Schüler die verschiedensten Denkleistungen verlangt, wie Anschauen, Einordnen, Vergleichen, Begründen, Interpretieren und letztlich Bewerten. Grundbedingung ist dabei, daß die verschlüsselte Aussage vor ihrem historischen Hintergrund im Sinne der künstlerischen Intention verstanden wird.

Unter welchen didaktischen Gesichtspunkten können Karikaturen eingesetzt werden? Was können sie im Geschichtsunterricht leisten?

— Der Unterricht gewinnt an Effizienz und Motivationskraft, wenn er nicht in eingleisigen oder stereotypen Denk- und Verfahrensmustern abläuft. Das visuelle Medium Karikatur richtet sich gegen Unanschaulichkeit und trockenen Verbalismus.

— Die unterrichtliche Verwendung von Karikaturen ermöglicht mehr selbständiges Arbeiten im Sinne des entdeckend-forschenden bzw. des problemorientierten Lernens. Insbesondere können Karikaturen in jenen Unterrichtsphasen wirkungsvoll eingesetzt werden, die der Wiederholung, Vertiefung oder Zusammenfassung dienen, da hier die selbständige Anwendung bereits erworbenen Wissens verlangt werden kann. Der Schüler, dessen Fähigkeiten zur Analyse und Interpretation sich noch in der Entwicklung befinden, lernt damit Methoden kennen, die zum Verstehen karikaturistischer Aussagen führen: Betrachten, Beschreiben, Zerlegen, In-Beziehung-Setzen, Vergleichen, Deuten, Urteilen.

— Außer den intentionalen Ansatzpunkten auf emotionaler Ebene bietet die Karikatur als historische Quelle Sachinformation auf einen Blick, womit sie das Erkennen von komplexen Zusammenhängen erleichtert. Bei ihrer Auswahl für den Geschichtsunterricht kann es sich nur um solche handeln, die in Übereinstimmung mit den Zielsetzungen exemplarischen Charakter besitzen. Sie sprechen aufgrund ihrer Transparenz für sich selbst und bedürfen daher keines zusätzlichen Kommentars.

— Der Stellenwert der Karikatur für die politische Bildung im Alltag wird dadurch unterstrichen, daß sie mittlerweile nicht mehr wegzudenkender Bestandteil jeder Tages- und Wochenzeitung geworden ist. Die mit dem Einsatz von Karikaturen verbundenen Intentionen weisen also über den Fachbereich Geschichte hinaus. Die Bildungsbedeutsamkeit von Karikaturen leitet sich ab aus der Steuerungsfunktion und Bereicherung des Alltagswissens.

1 Hollweck, L., Karikaturen, S. 7.

— Inhalt und Bedeutung von Karikaturen erschließen sich erst dann, wenn der historische Hintergrund, vor dem sie entstanden sind, bekannt ist und die Schüler mit der Bildsprache vertraut gemacht wurden.

— Grundbedingung für den Umgang mit Karikaturen ist Abstraktionsfähigkeit, die sich beim Schüler erst ab dem 12. Lebensjahr zu entwickeln beginnt.

— Verschiedentlich wird in der fachdidaktischen Literatur der Standpunkt vertreten, die häufig vorgeschlagene Stufenfolge »Ansehen — Beschreiben — Analysieren« sei zur Erarbeitung einer Karikatur fragwürdig; denn sie sei weder der Darstellungsabsicht des Künstlers noch der Aufnahmeweise des Betrachters angemessen.[1] Die Unterrichtserfahrung zeigt, daß Schüler der Sekundarstufe I über keine hinreichenden Kenntnisse der Karikaturanalyse und -interpretation verfügen. Die Arbeit mit Karikaturen muß also gelernt werden. In der Regel sollte eine bestimmte Reihenfolge der Lerntätigkeiten eingehalten werden, die von der Beschreibung über die Entschlüsselung der Symbolsprache bis zur Interpretation führt. Für die unterrichtliche Arbeit mit Karikaturen wird der folgende Verfahrensablauf vorgeschlagen:

— betrachten und beschreiben der bildlichen Darstellung bis in die Details,
— entschlüsseln der Bildsprache und übertragen der Aussage auf die jeweilige historische Situation,
— erkennen und darlegen der Intentionen des Künstlers.

Zur Analyse der karikaturistischen Symbolsprache unterscheidet M. Faust nach ikonischen und arbiträren Zeichen.[2] Ikonische Zeichen sind aufgrund der Darstellung aus sich selbst heraus verständlich. So wird z. B. der Maulkorb als Symbol für Redeverbot und Pressezensur, das Joch als Zeichen für Unterdrückung und Diktatur erkannt. Arbiträre (willkürliche) Zeichen sind dagegen solche, die auf gesellschaftlicher Konvention beruhen: Deutschland wird in den Witzfiguren des Michel, Bismarck in der Uniform des Bahnschaffners dargestellt. Da Schülern solche Symbole meist nicht mehr bekannt sind, müssen sie vom Lehrer erklärt werden.

1.3 Der Einsatz der Karikatur im Unterricht

Die folgenden Überlegungen beziehen sich auf den Einsatz einer Karikatur im 9. Schuljahr und antizipieren den didaktisch-methodischen Weg von Planung und Realisierung. Sie wollen exemplarisch eine der Einsatzmöglichkeiten der Karikatur im Unterricht aufzeigen.

1.3.1 Sachanalyse

Die Grafik mit dem Titel »Der Führer und oberste Befehlshaber« stammt aus der Feder des englischen Karikaturisten David Low und wurde am 2. Januar 1945 veröffentlicht.

---

1 Krüger, W., Krüger, H. (Hrsg.), Geschichte in Karikaturen. Von 1848 bis zur Gegenwart, Stuttgart 1981, S. 17—18.
2 Faust, M., Politische Karikaturen im Geschichtsunterricht der Sekundarstufe I in: GWU 12/1980, S. 739—751.

Grundlage jeder Unterrichtsplanung ist eine gründliche Bildanalyse durch den Lehrer. Obwohl zwischen einer allgemeinen Bildbetrachtung und der Analyse einer Karikatur kein prinzipieller Unterschied besteht, so treten doch bei letzterer bestimmte sachliche und didaktisch-methodische Probleme auf, die insbesondere das Medium »Karikatur« impliziert. Der Unterrichtende wird daher häufiger als dies in der Alltagspraxis erforderlich ist zu der einschlägigen Literatur greifen müssen, um sich die entsprechenden fachwissenschaftlichen und fachdidaktischen Kenntnisse anzueignen.

David Low hat bis zum Ende des Zweiten Weltkrieges eine Reihe von Hitlerkarikaturen in der englischen Presse veröffentlicht. Die vorliegende Karikatur dokumentiert schlaglichtartig und in exemplarischer Absicht, worin ein Engländer die Ursachen der deutschen Kriegskatastrophe sieht. Low schildert Hitler in seiner krankhaften Selbstüberschätzung und Selbstglorifizierung, dem Naturgesetz der Schwerkraft enthoben, in voranstürmender Herrscherpose, mit einem mächtigen Ausfallschritt über todbringendem Sumpf schwebend. Die zu einem Turm übereinander gestapelten Mützen symbolisieren Hitlers Größenwahnsinn und seinen der Realität widersprechenden, ins Maßlose überhöhten Machtanspruch. Aus dem Sumpf reckt sich eine im Todeskampf erstarrende Hand, die all jene repräsentiert, die Hitler in den Untergang bereits vorausgegangen sind. In Reih und Glied, schon bis zu den Knien im Schlamm eingesunken, folgen die Generäle befehlshörig ihrem Idol, dem »Übermenschen« Hitler. Ihre Gesichter drücken grimmige Entschlossenheit aus; sie blicken auf zu ihrem den natürlichen Gesetzmäßigkeiten entrückten Führer und nehmen trotz besseren Wissens die unmittelbar bevorstehende Vernichtung nicht zur Kenntnis.

Die Karikatur D. Lows reduziert die Endphase des Zweiten Weltkrieges auf ihre fundamentalen Ursachen, die sich in der Person Adolf Hitlers konzentrieren, und ihre entscheidenden Auswirkungen. Sie gewährt Einblick in den pervertierten Charakter Hitlers und Einsicht in die Handlungsmotive der verantwortlichen militärischen Führer.

1.3.2 Überlegungen zum didaktisch-methodischen Verfahren

Die Schüler sollen erkennen, daß die wesentlichen Ursachen für die deutsche Kriegskatastrophe in der maßlosen Selbstüberschätzung Hitlers und der Befehlshörigkeit der verantwortlichen Generäle lagen.

Zur Schaffung einer Lückensituation kann die Grafik als Einstiegsmotivation in die Unterrichtseinheit »Verlauf des Zweiten Weltkriegs« eingesetzt werden. Im vorliegenden Fallbeispiel findet sie jedoch Verwendung als motivierendes Medium für eine vertiefende Wiederholung nach eingehender Erarbeitung der anstehenden Thematik. In der Praxis hat es sich erwiesen, daß das Genre »Karikatur« in besonderer Weise geeignet ist für die Rekapitulation bereits erarbeiteter historisch-politischer Sachverhalte und die Vertiefung erworbenen Wissens. Die Karikatur wird den Schülern als Projektion oder vervielfältigter Arbeitsbogen präsentiert. Welchem technischen Medium letztlich der Vorzug gegeben wird, hängt ab von der Unterrichtskonzeption, der Qualität der Vorlage und den organisatorisch-technischen Voraussetzungen.

Zunächst bietet sich stilles Betrachten der Darstellung an. Je nach Unterrichtsverlauf folgt das Sammeln von Spontanäußerungen. Keinesfalls aber sollte in der Anfangsphase auf eine exakte Beschreibung der Details verzichtet werden, weil erst damit bei vielen Schülern die Voraussetzungen zum Verstehen von Inhalten und Aussagen geschaffen werden. Vorzeitige Interpretationsversuche sollten daher zurückgewiesen werden. Lenkende Fragen oder hinweisende Impulse könnten etwa wie folgt formuliert werden: Was ist zu sehen? Nenne Einzelheiten! Welche Personen oder Personengruppen sind dargestellt? Beschreibe die Personen, ihre Gesichter, ihre Kleidung! An welchem Ort, in welcher Umgebung spielt sich der Vorgang ab? Hierzu kann die Lektüre des Werkes von Herbert Uppendahl empfohlen werden[1], da er Leitfragen zur systematischen Analyse von Karikaturen entwickelt hat. Der Unterrichtende lenkt nun durch folgende Fragestellungen und Hinweise die Aufmerksamkeit der Schüler auf die symbolische Bedeutung der Darstellung: Warum wird Hitler im schwebenden Zustand und die Generäle im Schlamm watend dargestellt? Warum trägt Hitler einen Turm aus Mützen? Was veranlaßt die Generäle dazu, Hitler zu folgen? Welche Bedeutung hat der Sumpf? Wer soll mit der aus dem Sumpf ragenden Hand dargestellt werden? Was muß man wissen, um die Karikatur zu verstehen? Mit welcher Absicht hat der Karikaturist die Grafik gezeichnet? Stammt sie von einem Befürworter oder einem Gegner Hitlers? Welches Problem ist dargestellt? Die Schüler können dadurch zu folgenden Erkenntnissen gelangen:

— Der Sumpf bietet wegen mangelnder Absicherung keinem Beteiligten eine Überlebenschance. Er versinnbildlicht das Ende des Krieges, den Untergang, die endgültige militärische Niederlage Deutschlands.

— Die aus dem Sumpf sich reckende Hand steht für all jene stellvertretend, die dem Größenwahnsinn Hitlers ihr Leben bereits opfern mußten. Weder Hitler noch seine Generäle nehmen dieses nicht zu übersehende Zeichen drohender Vernichtung wahr. Wie mit Blindheit geschlagen, lassen sie sich von dem einmal eingeschlagenen Weg in den Untergang nicht abbringen.

1 Uppendahl H., u. a., Die Karikatur im historisch-politischen Unterricht, Freiburg, Würzburg, 1978.

— Der Schwebezustand Hitlers symbolisiert seine und die von den Generälen offensichtlich anerkannte Selbstverherrlichung, der Mützenturm den ins Maßlose übersteigerten Machtanspruch.

— Die bis zu den Knien im Schlamm steckenden Generäle versagen trotz der umfassenden tödlichen Bedrohung Hitler nicht ihre Gefolgschaft. Befehlsmäßig folgen sie dem ins Übermenschliche entrückten Führer, der zur realistischen Einschätzung der Situation nicht fähig ist.

— Der Karikaturist sah im Januar 1945 den Ausgang des Krieges visionär voraus. Die Ursachen verdichtet er in der Darstellung der abwegigen Charaktereigenschaften Hitlers, der von seinem göttlichen Sendungsauftrag überzeugt ist, und in den befehlshörigen Generälen, die ihm wider jede Vernunft folgen.

— Indem D. Low Hitler schwebend darstellt, zieht er offenbar Parallelen zu der biblischen Geschichte »Jesus wandelt auf dem See«. Er greift damit ein bestimmendes Moment der nationalsozialistischen Ideologie und Propaganda auf, Hitler als charismatischen Führer zu kennzeichnen, der mit einem göttlichen Sendungsauftrag ausgestattet ist.

— Die Generäle als die militärischen Führungsinstanzen haben das eigenverantwortliche Handeln aufgegeben oder es niemals kennengelernt. Wesensmerkmal einer demokratischen Staats- und Gesellschaftsordnung ist eben gerade die Erziehung zur Eigenverantwortung, die davor bewahrt, Parolen blind zu folgen.

— Durch Erziehung zu distanzierten, kritischen und rationalgesteuerten Urteilen wird der einzelne befähigt zu einer nüchternen Analyse politischer Situationen und zu realistischer Einschätzung politischer Propaganda.

2. Karikaturen — ihre historischen Rahmenbedingungen, ihre Bedeutungsgehalte und ihre unterrichtlichen Einsatzmöglichkeiten

2.1 Die Reformation (1517—1555) und der Dreißigjährige Krieg (1618—1648)

2.1.1   Ego sum Papa — Ich bin der Papst (um 1500)
2.1.2   Luther, des Teufels Dudelsack (1525)

Historischer Hintergrund

Die Reformkonzilien des 15. Jahrhunderts hatten nicht zu den erforderlichen Erneuerungen der Kirche geführt. Den Päpsten ging es weniger um die geistliche Führung des Christentums als um die Vermehrung der weltlichen Macht. Sie lebten wie weltliche Monarchen und vernachlässigten ihre eigentlichen Aufgaben. Auch viele Bischöfe und Priester widmeten sich ganz ihren Neigungen und Vergnügungen.
Erfindungen (z. B. Buchdruck) und Entdeckungen hatten den geistigen Horizont der Menschen erweitert und zu einer wachsenden kritischen Einstellung gegenüber den bestehenden Verhältnissen geführt.
Die Frömmigkeit der Menschen in Deutschland war geprägt durch die Suche nach mehr Heilsgewißheit. Es herrschte die Auffassung, daß der einzelne durch gute Werke Gottes Gnade erwerben kann. Um Nachlaß der Sünden zu erhalten, war es beim Bußsakrament üblich, daß zur ernsten Reue auch ein Ablaß gehörte. Als Voraussetzung für den Erwerb eines Ablasses galt, daß die Kirche von den Gläubigen einen dem sozialen Status angemessenen Geldbetrag verlangte. Viele Gläubige kamen zu der Meinung, daß durch die Geldzahlung die gesamte Sündenschuld getilgt werde.

Im Jahr 1517 begann der Dominikaner Johann Tetzel mit dem Verkauf von Ablaßbriefen in den brandenburgischen Gebieten. Der Erlös sollte zu gleichen Teilen Papst Leo X. für den Neubau der Peterskirche in Rom sowie Erzbischof Albrecht von Brandenburg zur Tilgung seiner enormen Schulden, die ihm durch nach Rom zu zahlende Gebühren für die Kumulierung der Bistümer Magdeburg, Halberstadt und Mainz entstanden waren, zukommen. In einer Instruktion an die Ablaßkommissare wurde vom Erzbischof darauf verwiesen, daß der Kauf dieses Ablasses vollen Sündennachlaß verhieß.

Am 31. Oktober 1517 trat Martin Luther gegen die Ablaßpraxis mit der Veröffentlichung seiner 95 Thesen in Wittenberg auf.
Er wollte in einem akademischen Streitgespräch die ungeklärten theologischen Probleme des Bußsakramentes klären. In seinen Thesen betonte er die Notwendigkeit der Buße für das ganze Leben und den Grundsatz der Reue für die Sündenvergebung. Durch den Ablaß könne wohl die Befreiung von Kirchenstrafen bewirkt, nicht aber der Nachlaß der Sündenschuld erreicht werden.
Diese Thesen verbreiteten sich rasch in ganz Deutschland. Luther wurde 1520 mit dem Kirchenbann und 1521 mit der Reichsacht belegt.
Nach der Bibelübersetzung im Jahr 1522 übernahmen ganze Regionen in Deutschland die neue Lehre. In Deutschland kam es zu harten Auseinandersetzungen zwischen der katholischen Kirche und den Reformierten. Beide Seiten setzten dabei bewußt die Karikatur als agitatorisches Kampfmittel ein.

Ego sum Papa.

Flugblatt »Ego sum Papa« in: Fuchs, E., Die Karikatur der europäischen Völker, Bd. 1, Berlin 1921 (4. erw. Aufl.), Abb. 28, S. 64.

Luther, des Teufels Dudelsack (1525)

Holzschnitt von Erhard Schoen, 1525.
Aus: Hillerbrand, H. J., Brennpunkte der Reformation, Zeitgenössische Texte und Bilder, Göttingen 1967, S. 116.

Aussagen der Karikaturen

Ego sum Papa — Ich bin der Papst (um 1500)
Die Karikatur zeigt den Papst Alexander VI. Er trägt die Tiara als das Zeichen des Hauptes der Christenheit. Über das grinsende, mit scharfen Hauern besetzte Maul ragt ein spitzer, gebogener Doppelschnabel. Seitlich vom Kopf stehen Schweinsohren ab. Darüber wachsen gebogene Widderhörner. Auf dem Oberkörper befindet sich ebenfalls eine Fratze mit scharfem Schnabel. Die Hände sind Klauen, an denen sich Krallen befinden. Statt des Krummstabes hält der Papst einen gebogenen Zweizack in der Hand, an dem eine Henkerschlinge befestigt ist.
Die Karikatur verteufelt den Papst, stellt ihn als Antichrist dar. Sie will den Papst als eine Person vor Augen führen, die Haß und Verachtung verdient.

Luther, des Teufels Dudelsack (1525)
Die Karikatur ist 1525 entstanden. Sie zeigt eine häßliche Teufelsgestalt. In ihren Händen hält sie einen Dudelsack, der das Aussehen des Mönches Luther hat. Der Teufel spielt auf dem Dudelsack. Damit drückt die Karikatur aus: Luther ist ein Sprachrohr des Teufels, seine Worte und seine Werke sind die des Teufels. Auch hier wird die Karikatur als Kampfmittel eingesetzt. Der Gegner wird erniedrigt und verhöhnt.

Einsatz im Unterricht

Thema: Der Verlauf der Reformation

Alternative Einsatzmöglichkeiten:

Beide Karikaturen sind ausgezeichnete zeitgenössische Dokumente für den Kirchenkampf des 16. Jahrhunderts. Sie machen deutlich, daß beide Seiten, ohne Rücksicht auf den anderen, die Menschen für sich zu gewinnen versuchten. Es bietet sich an, beide Karikaturen gemeinsam im Unterricht einzusetzen.
Im Rahmen der Behandlung des genannten Themas ist der Einsatz der beiden Karikaturen in allen drei wesentlichen Phasen des Unterrichts möglich:

— In der Motivationsphase wird der Interpretationsversuch bei den Schülern Fragen aufwerfen:
   Warum bekämpfen sich beide Seiten?
   Was wollen sie mit diesen Karikaturen erreichen?
   Wie verläuft dieser Kampf?
   Wer ist der Sieger?

— In der Lösungsphase können beide Karikaturen in den Informationstext eingearbeitet werden. Sie tragen hier wesentlich zur Auflockerung, Veranschaulichung und Vertiefung bei.

— In der Anwendungs- und Vertiefungsphase bewirken die Karikaturen eine neue Motivation. Ihre Interpretation fordert von den Schülern die Anwendung zuvor erworbener Kenntnisse bzw. gewonnener Einsichten. Sie sind hier ein sehr geeignetes Medium zur Vertiefung und Sicherung.

2.1.3 Der Bauernkrieg (1525)

Historischer Hintergrund

Die Erfolge der Reformation und die Aussage Luthers — »Ein Christenmensch ist ein freier Herr über alle Dinge und niemand untertan.« — bewirkten über die religiöse Erneuerung hinaus auch allgemeine, grundlegende Veränderungen in Gesinnung und geistiger Haltung. Vieles, was die Menschen bisher als gottgegeben und unabänderlich hingenommen hatten, sahen sie jetzt kritisch und lehnten es ab. Vor allem der Bauernstand erhob Zweifel, ob die Herrschaft des Adels und der Geistlichkeit über Grund und Boden gerechtfertigt sei.

Im 13. und 14. Jahrhundert hatten die Bauern gegenüber den Grundherren wirtschaftliche Verbesserungen und mehr Freiheit erworben. Es gab Bauern, die keinem Herrn mehr untertänig waren. Andere zahlten zwar an den Grundherrn einen jährlichen Zins oder leisteten Abgaben, waren aber von Frondiensten wie Wege- und Brückenbau, Feld- und Waldarbeiten frei.

Zu Beginn des 16. Jahrhunderts verschlechterte sich jedoch die Lage der Bauern. Vor allem die vielen kleinen geistlichen und weltlichen Herrschaftsgebiete, die von Äbten, Bischöfen, Grafen und Rittern beherrscht wurden, waren bemüht, ihre Herrschaft immer stärker zu festigen. Viele Bauern wurden wieder in die Leibeigenschaft und Hörigkeit gezwungen. Die Grundherren annullierten bisher bestehende Rechte der Bauern und verlangten ständig höhere Abgaben und mehr Frondienste. Ihre Forderungen und Beschwerden faßten die Bauern in den sogenannten »12 Artikeln« zusammen, die im März 1525 erschienen und rasch überall bekannt wurden.

»DER ERSTE ARTIKEL
Zum ersten ist unser demütig Bitte und Begehr, daß in Zukunft jede Gemeinde ihren Pfarrer selbst wählen und auch wieder absetzen kann, wenn er sich ungebührlich verhält. Der erwählte Pfarrer soll uns das heilige Evangelium lauter und klar predigen, ohne allen menschlichen Zusatz.

DER ZWEITE ARTIKEL
Den Kornzehnten (Abgabe an die Kirche) wollen wir gern geben, doch wie sich's gebührt. Da man ihn Gott und den Seinen geben soll, gebührt er einem Pfarrer, so er das Wort Gottes klar verkündet. Was überbleibt, soll man teilen mit armen Bedürftigen, wenn solche im Dorfe vorhanden sind. Den kleinen Zehnt (= Viehzehnt) wollen wir nicht geben, denn Gott der Herr hat das Vieh frei dem Menschen beschaffen; wir halten ihn für einen unziemlichen Zehnten, den die Menschen erfunden haben. Darum wollen wir ihn nicht weiter geben.

DER DRITTE ARTIKEL
Zum dritten ist es bisher Brauch gewesen, uns als Eigenleute zu halten, was zum Erbarmen ist angesichts dessen, daß Christus uns alle mit seinem kostbaren Blutvergießen erlöst und losgekauft hat, den Hirten ebenso wie den Höchsten, keinen ausgenommen. Darum ergibt sich aus der Schrift, daß wir frei sind, und wir wollen es sein. Nicht, daß wir völlig frei sein und keine Obrigkeit haben wollen; das lehrt uns Gott nicht. Unserer erwählten und gesetzten Obrigkeit (so sie von Gott eingesetzt wurde) gehorchen wir gerne in allen ziemlichen und christlichen Sachen. Wir zweifeln auch nicht, ihr werdet als wahre und rechte Christen uns gerne aus der Leibeigenschaft entlassen oder aus dem Evangelium nachweisen, daß wir leibeigen sind.

DER VIERTE ARTIKEL

Zum vierten ist es bisher Brauch gewesen, daß der arme Mann von Wildbret, Geflügel und Fischen im fließenden Wasser nichts fangen durfte; das dünkt uns unziemlich und unbrüderlich. Denn als Gott der Herr den Menschen erschuf, hat er ihm Gewalt gegeben über alle Tiere, über den Vogel in der Luft und über den Fisch im Wasser.

DER FÜNFTE ARTIKEL

Zum fünften sind wir auch beschwert im Hinblick auf die Holznutzung. Denn unsere Herrschaften haben sich die Wälder alle allein zugeeignet, und wenn der arme Mann etwas bedarf, muß er's ums doppelte Geld kaufen. Unsere Meinung ist: Was es an Waldungen gibt, mögen sie nun Geistlichen oder Weltlichen gehören, das soll, wenn jene sie nicht gekauft haben, der ganzen Gemeinde wieder anheimfallen.

DER SECHSTE ARTIKEL

Zum sechsten fühlen wir uns beschwert durch die Dienste, die von Tag zu Tag vermehrt werden. Wir begehren, daß man ein Einsehen habe und uns nicht so hart beschwere...

DER NEUNTE ARTIKEL

Zum neunten wünschen wir, daß man straft nach alter geschriebener Strafsatzung, je nach Gestalt der Sache und nicht nach Gunst.

DER ZEHNTE ARTIKEL

Zum zehnten sind wir beschwert, daß etliche sich Wiesen und Äcker angeeignet haben, die einer Gemeinde gehören. Dieselben werden wir wieder zurücknehmen, es sei denn, daß man sie redlich gekauft hätte...

BESCHLUSS:

Zum zwölften ist unser Beschluß und endgültige Meinung: Wenn einer oder mehrere der hier aufgestellten Artikel dem Wort Gottes nicht gemäß wären, so wollen wir davon abstehen, wenn man uns dies aufgrund der Schrift erklärt. Der Friede Christi sei mit uns allen.«[1]

Um ihren Forderungen Nachdruck zu geben, schlossen sich überall Bauern zu bewaffneten Haufen zusammen. Ein Haufen zählte über 100 000 Mann und war in Fähnlein zu je 500 gegliedert. Die Führer waren vor allem angesehene und wohlhabende Bauern. Unter ihnen ist Götz von Berlichingen, der von der Burg Jagsthausen stammte, besonders bekannt geworden.

Die geistlichen und weltlichen Herren gaben jedoch nicht nach. Im Sommer des Jahres 1524 brach dann der bewaffnete Aufstand der Bauern aus. Er richtete sich gegen Klöster, Kirchen und Schlösser. Die Bauernhaufen ermordeten viele Gutsherren und ihre Familienangehörigen, raubten die Klöster und Schlösser aus und brannten sie nieder. Ein Mönch eines überfallenen Klosters schrieb: »Es ist kein Messer, das schärfer schiert, als wenn der Bauer zum Herrn wird.«[2]

Für die vielen Überfälle und Plünderungen soll hier die Ermordung des Grafen Ludwig von Helfenstein als Beispiel stehen:

---

1 Dickmann, F., Geschichte in Quellen, Bd. 3, München 1976, Nr. 61.
2 Heumann, H., Die Grundlagen unserer Gesellschaft, Bd. 2, Hirschgraben Verlag, Frankfurt/M., S. 45.

»Am Karfreitag, dem 15. April 1525, zogen drei Rebellenhaufen vor das Städtchen Weinsberg bei Heilbronn, dessen Herr, Graf Ludwig von Helfenstein, wegen seiner Strenge besonders verhaßt war. Am Ostermontag erstürmten die Bauern mit Hilfe einiger Städter die Mauern und machten vierzig gräfliche Knechte nieder. Dieser selbst, die Gräfin und sechzehn Junker gerieten in Gefangenschaft. Während der Graf unter Dreschflegeln und Sensen sein Leben ließ, riefen die Bauern ihm seine Schandtaten ins Gedächtnis: ›Du bist mir über den Samen geritten!‹ rief der eine, ein anderer: ›Du hast mir ein Schwert übern Kopf geschlagen.‹ In der nächsten halben Stunde bettete man die sechzehn Junker auf ähnliche Weise zur Ruhe.«[1]

Bald gelang es jedoch den Fürsten, ein Landsknechtheer aufzustellen. Dies war den Bauernhaufen an Waffen und Kampfkraft überlegen. Innerhalb kurzer Zeit wurden die Bauern geschlagen und vernichtet. Furchtbar war das Strafgericht der geistlichen und weltlichen Grundherren. Ein einziger Henker rühmte sich, mit eigener Hand 1200 Köpfe abgeschlagen zu haben. Insgesamt sollen etwa 100 000 Bauern getötet worden sein. Im einzelnen wurde von den Grundherren folgendes bestimmt:

»1. Entwaffnung. Wer seine Waffen nicht auslieferte, mußte mit der Todesstrafe rechnen.
2. Versammlungsverbot. Alle Zusammenkünfte und Vereinigungen waren zunächst bei Todesstrafe verboten.
3. Schleifung aller Befestigungen. (Die Bauern hatten sich meist hinter den Mauern ihrer Friedhöfe verschanzt.)
4. Zerstörung des bäuerlichen Nachrichtensystems. Vor allem die Glocken mußten entfernt werden.
5. Wiedergutmachung gegenüber den Grundherren in Form von Arbeitsleistungen und Sachleistungen sowie Geldstrafen. Ausgenommen waren die Witwen und Waisen und wer nachweisen konnte, daß er der ›christlichen Vereinigung‹ der Bauern nicht angehört hatte. Haftbar war die Dorfgemeinschaft. Das Dorf, das diese Leistungen nicht erbrachte, wurde geplündert und niedergebrannt.
6. Auslieferung aller Anführer, Hauptleute, politischer Führer an die Herren. Das ›Blutbuch‹ des Fürstabts von Kempten enthielt 173 Namen politischer und militärischer Führer der Bauern.«[2]

Der Bauernstand blieb weiterhin 300 Jahre in der Abhängigkeit der Grundherren.
Der Bauernkrieg gilt als ein wichtiges Ereignis in der deutschen Geschichte. Zum erstenmal erhob sich der niedrigste Stand gegen die Obrigkeit, um seine Forderungen durchzusetzen.

1 Durant, W., Kulturgeschichte der Menschheit, Band 9, »Das Zeitalter der Reformation«, Südwest-Verlag, München, [1]1978.
2 Glogauer, W., Hampel, J., Wir erleben die Geschichte, Band 2, Bayerischer Schulbuchverlag, München 1975, S. 39.

Der Bauernkrieg

Einblattholzschnitt eines unbekannten Meisters um 1535, Schloßmuseum Gotha.

Aussagen der Karikatur

Die Karikatur thematisiert die Umkehrung der bestehenden Machtverhältnisse während der Bauernaufstände. Die Bauern, als Hasen dargestellt, sind die Herren und Richter. Sie führen ihre früheren Herren, die Geistlichen und Adligen, ab und richten sie hin.

Einsatz im Unterricht

Thema: Der Bauernkrieg

Alternative Einsatzmöglichkeiten:
Die Karikatur kann in allen drei wesentlichen Phasen des Unterrichts eingesetzt werden.

In der Motivationsphase provoziert sie Schülerfragen, führt zur Problemstellung und damit zur Zielorientierung.

In der Erarbeitungs- bzw. Lösungsphase dient sie der Veranschaulichung eines wesentlichen Aspekts der Thematik. Darüber hinaus verlebendigt ihr Einsatz den Unterricht.

In der Anwendungsphase verlangt ihre Interpretation die Neustrukturierung und Verbalisierung zuvor erworbener Kenntnisse.

2.1.4 Der Dreißigjährige Krieg (1618—1648)

Historischer Hintergrund

Nach dem Augsburger Religionsfrieden im Jahr 1555 und nach dem Rücktritt Karls V. war das Deutsche Reich verfassungsmäßig ein Verband von relativ selbständigen Territorien. Die einzelnen Fürsten strebten ständig nach mehr Unabhängigkeit. Die Tatsache, daß die Fürsten die Religion ihrer Untertanen und damit in ihrem Territorium bestimmten, bedeutete eine sehr enge Verbindung von Politik und Religion. Beide Tatbestände, die Unabhängigkeitsbestrebungen und die religiösen Gegensätze, führten fortwährend zu Auseinandersetzungen der Fürsten untereinander und mit dem Kaiser. Immer waren es sowohl machtpolitische als auch religiöse Gründe. Eine Verschärfung in der Bedrohung des inneren Friedens trat ein, als sich 1608 die protestantischen Reichsstände in der Union und 1609 die katholischen Fürsten in der Liga zusammenschlossen.

Besonders gespannt war die Lage in Böhmen. In diesem überwiegend protestantischen Gebiet stieß die Rekatholisierungspolitik Ferdinands II. auf harte Ablehnung. Als protestantische Kirchen geschlossen und abgerissen wurden, erreichten die Spannungen ihren Höhepunkt. Fast 2000 böhmische Adlige und protestantische Bürger drangen in Prag in das Schloß ein und warfen die verhaßten kaiserlichen Räte zum Fenster hinaus. Glücklicherweise fielen die beiden Räte auf den Misthaufen des Schlosses, so daß niemand zu Schaden kam.
Der Prager Fenstersturz war das Signal für den Aufstand der böhmischen Adligen. Sie forderten die Katholiken auf, das Land zu verlassen und erklärten den Kaiser Ferdinand II. für abgesetzt. Den protestantischen Kurfürsten Friedrich von der Pfalz wählten sie zu ihrem König. Daraufhin griff die Liga — der Kaiser und die katholischen Fürsten — mit Kriegsgewalt ein. Der Dreißigjährige Krieg hatte begonnen.

Bereits 1620 wurde das Heer Friedrichs von der Pfalz in der Schlacht am Weißen Berg in der Nähe von Prag von den Soldaten der Liga geschlagen. Böhmen wurde in Kürze wieder katholisch. Während die Union zerfiel, drangen die kaiserlichen Heere unter Tilly und Wallenstein bis zur Ostsee vor. Für Schweden bedeutete die Ausdehnung der kaiserlichen Macht ein Eindringen in seine Interessensphäre. Wenngleich König Gustav Adolf das Eingreifen Schwedens mit religiösen Motiven — die unterdrückten Augsburger Religionsverwandten aus den Klauen des Papstes zu befreien — rechtfertigte, so waren die eigentlichen Kriegsziele doch durch Sicherheitsbedürfnisse und die Erweiterung des Einflusses im Ostseeraum geprägt.
Im Jahr 1629 begründete der schwedische Reichsrat seine Entscheidung, in den auf deutschem Boden stattfindenden Krieg einzugreifen, folgendermaßen: »Es gibt keinen besseren Schutz für die Ostsee — und folglich keine andere Sicherheit für Schweden — als die Offensive... Meine Meinung ... ist, daß ich zu unserer Sicherheit, Ehre und endlichen Frieden nichts dienlicher befinde als einen kühnen Angriff auf den Feind.«[1]

Frankreichs Eingreifen in den Krieg war dagegen von dem Leitgedanken bestimmt, sich aus der Umklammerung des Hauses Habsburg zu befreien und eine Vormachtstellung in Europa vorzubereiten. In einem Bündnis verpflichtete sich das katholische Frankreich im Jahr 1631 zur finanziellen Unterstützung des protestantischen schwedischen Königs. Im Jahr 1635 griff Frankreich dann auf seiten der Protestanten auch aktiv in den Krieg ein.

Auf deutschem Boden rangen die Fürsten und Mächte Europas um politische Positionen. Religiöse Motive spielten nur noch eine untergeordnete Rolle.

---

1 Wulf, W. (Hrsg.), Geschichtliche Quellenhefte mit Überblick, Die Welt im Wandel, Heft 4/5: Renaissance, Reformation und Glaubenskämpfe, Diesterweg-Verlag, Frankfurt 1975, S. 106—107.

Der Dreißigjährige Krieg (1618—1648)

Aus: Zentner, Chr., Zentners Illustrierte Weltgeschichte, Südwest-Verlag, München 1972, S. 360.

Aussagen der Karikatur

Im Hintergrund der Karikatur ist eine Reihe von Städten angedeutet. Darüber sind Wappen, Kronen und Herzoggewänder aufgehängt. Auf dem Boden liegen Geld und Silbergeschirr. Im Vordergrund streiten sich die Fürsten gierig um die Beute.

Der Karikaturist macht hier deutlich, daß im Dreißigjährigen Krieg mit zunehmender Dauer die machtpolitischen Motive ausschlaggebend waren. Der Krieg war in erster Linie kein Glaubenskampf, sondern Mittel der europäischen Fürsten und Staaten, sich zu bereichern und ihre Einflußsphären auszudehnen.

Einsatz im Unterricht

Thema: Der Dreißigjährige Krieg

Alternative Einsatzmöglichkeiten:

— Phase der Lösung

Die Karikatur kann als Teil des Informationstextes zur Veranschaulichung und Verdeutlichung der Motive der Kriegsbeteiligten eingesetzt werden. Zum Verständnis ist eine kurze Beschreibung der Karikatur erforderlich. Es besteht auch die Möglichkeit einer gemeinsamen Interpretation im Lehrgespräch. Der Lehrer erteilt unter dem Prinzip der minimalen Hilfen Hinweise und Informationen.

— Phase der Anwendung und Vertiefung

Die Karikatur ist Anstoß und Aufforderung, zusammenfassend über die Kriegsziele der Fürsten und europäischen Mächte nachzudenken sowie die wichtigsten Erkenntnisse zu verbalisieren. Auch hier benötigen die Schüler zur Interpretation Hilfen des Lehrers.

2.1.5 MARTHIN LVTHER. Nuhn Muess es Ia gewandert sein (1628)
2.1.6 Wohlbestalte Pritsch-Schule (1632)

Historischer Hintergrund

Am 20. November 1620 besiegten die Soldaten der katholischen Liga das Heer Friedrichs von der Pfalz, den die protestantischen böhmischen Adligen kurze Zeit vorher zu ihrem König gewählt hatten. Böhmen wurde rekatholisiert. Ab 1621 erfolgte die Vertreibung der protestantischen Geistlichkeit.

Bis 1629 gelang es den Soldaten der Liga unter Tilly und Wallenstein, in mehreren Schlachten die protestantischen Truppen im Reich zu besiegen. Die Pfalz, Westfalen und Niedersachsen konnten so wieder unter katholischen Einfluß gestellt werden.

Die kaiserlichen Erfolge in Norddeutschland führten zum Eingreifen Schwedens in den Krieg. Von Frankreich finanziell unterstützt, landete der Schwedenkönig Gustav Adolf (1611—1632) 1630 an der pommerschen Küste. 1631 gelang es ihm, in der Schlacht bei Breitenfeld das kaiserliche Heer unter Tilly entscheidend zu schlagen. Mit Hilfe der vorübergehend geeinten deutschen evangelischen Fürsten führte ihn sein Siegeszug bis nach Süddeutschland. In dieser gefährlichen Situation gelang es Wallenstein (1630 als kaiserlicher General auf dem Regensburger Kurfürstentag abgesetzt, 1631 aufgrund der Schwedeninvasion wieder eingesetzt), für die katholische Seite in kurzer Zeit wieder ein Heer aufzubieten und Gustav Adolf aus Süddeutschland zu verdrängen. In der Schlacht bei Lützen 1632 blieben die Schweden zwar Sieger, jedoch mußten sie diesen Sieg mit dem Tode ihres Königs Gustav Adolf bezahlen. In der Folge hielt sich das Kriegsglück die Waage. Keiner Seite gelang ein entscheidender Sieg. Ohne Oberbefehl und ohne militärisches Ziel durchstreiften Söldnerhaufen mordend und alles vernichtend das Land.

»Der Einmarsch eines Heeres mit seinem Troß, seiner Bagage, seinem Weiber- und Händlervolk bedeutete für den betroffenen Landstrich schlechtweg Verarmung. Außer der Verpflegung mußten ja Besatzungskosten aufgebracht werden. Widerstand war aussichtslos; der Bauer tat am gescheitesten, selbst als Soldat einzuspringen, der Bürger hatte den wandelnden Heeresstaat zu beliefern. Es wurde üblich, Freund und Feind in gleicher Weise auszubeuten. Schien eine Gegend ausgepreßt, kam die nächste an die Reihe; war dort etwa schon der Feind gewesen, so drohte der Bevölkerung desto schlimmere Quälerei.«[1]

»In zehn Kriegsjahren hatte mehr als die Hälfte des Reiches das unmittelbare Elend von Truppenbesetzungen und Truppendurchzügen ertragen, dem ein Rattenschwanz von Übeln gefolgt war: Tierseuchen, Hungersnot für Menschen und Tiere und die unausrottbaren Pestkeime. Vier Mißernten in den Jahren 1625 bis 1628 hatten das Maß des deutschen Jammers vollgemacht. Die Pest forderte unter der verhungerten Bevölkerung schreckliche Opfer und raffte ganze Lager unglücklicher Flüchtlinge dahin . . .

Die Not der Bevölkerung hinderte die Soldaten nicht, ihre Erpressungen fortzusetzen und ihrem mörderischen Zeitvertreib nachzugehen. Welcher Geist sie beseelte, zeigt sich deutlich in ihren Liedern:

›Frisch, unverzagt, behertzt und wacker,
Der scharffe Sebel ist mein Acker,
Und Beuten machen ist mein Pflug,
Damit gewin ich Gelds genug.‹«[2]

---

1 Aus: Illustrierte Weltgeschichte von Veit Valentin, © 1950, Verlag Kiepenheuer & Witsch, Köln.
2 Wedgwood, C. V., Der Dreißigjährige Krieg, © 1967, Paul-List-Verlag, München.

Raubende Soldatesca. Facsimile der Radierung von Hans Ulrich Franck (1630—1680).

Der Dichter H. J. Christoph von Grimmelshausen beschreibt in seinem Roman »Der Abenteuerliche Simplicissimus« die Leiden der Bevölkerung während des 30jährigen Krieges. In der folgenden Szene schildert er den Überfall von Soldaten auf einen Bauernhof:

»Das erste, was diese Reiter taten, war, daß sie ihre Pferde einstallten; hernach hatte jeder seine besondere Arbeit zu verrichten, deren jede Untergang und Verderben anzeigte. Einige fingen an zu metzgern, zu sieden und zu braten, so daß es aussah, als sollte ein lustiges Bankett abgehalten werden. Andere durchstürmten das ganze Haus von oben nach unten. Wieder andere machten von Tuch, Kleidung und Hausrat große Packen zusammen, als ob sie zu einem Krempelmarkt wollten. Was sie uns nicht wegzunehmen gedachten, ward zerschlagen. Etliche durchstachen Heu und Stroh mit ihren Degen, als ob sie nicht genügend Schafe und Schweine zu stechen gehabt hätten. Etliche schütteten die Federn aus den Betten und füllten Speck, Fleisch und sonstiges Gerät hinein, als ob dann besser darauf zu schlafen wäre. Andere schlugen Öfen und Fenster ein. Kupfer und Zinn schlugen sie zusammen und packten die verbogenen Stücke ein. Bettladen, Tische, Stühle und Bänke verbrannten sie . . .
Den Knecht legten sie gebunden auf die Erde, steckten ihm ein Sperrholz ins Maul und schütteten ihm einen Melkkübel voll garstig Mistlachenwasser in den Leib; das nannten sie den schwedischen Trunk.

Dann fing man an, die Bauern mit Daumenschrauben zu foltern. Einen gefangenen Bauern steckte man in einen Backofen und kam schon mit Feuer an; einem anderen machten sie ein Seil um den Kopf und drehten es zu einem Stock zusammen. Meinen Vater setzten sie zu einem Feuer, banden ihn, daß er weder Hände noch Füße regen konnte, und rieben seine Fußsohlen mit angefeuchtetem Salz ein, welches ihm unsere alte Geiß wieder ablecken mußte. Dies kitzelte ihn so sehr, daß er vor Lachen hätte zerbesten mögen, und er verriet unter Gelächter, wo er seine Wertsachen versteckt hatte...«

Von Plünderungen und Grausamkeiten war aber nicht nur die Landbevölkerung betroffen. Die folgende Schilderung über den Kampf um die Stadt Magdeburg zeigt, daß die Bewohner von Städten ähnlich unter dem Krieg zu leiden hatten:

»Da ist es geschehen, daß die Stadt mit all ihren Einwohnern in die Hände und Gewaltsamkeit ihrer Feinde geriet. Es ist nichts als Morden, Brennen, Plündern, Peinigen, Prügeln gewesen. Insbesondere hat ein jeder der Feinde nach vieler und großer Beute gefragt. Bald hat diese so herrliche Stadt in voller brennender Glut und in solchem Jammer und unaussprechlicher Not und Herzeleid gestanden, sind mit gräulichem ängstlichem Zetergeschrei viel tausend unschuldige Menschen, Weiber und Kinder kläglich ermordet und auf vielerhand Weise erbärmlich hingerichtet worden.
Es hat aber diese trübselige Zeit nicht viel über zwei Stunden gewährt. Durch den ungestümen Wind hat das Feuer derart überhand genommen, daß um 10 Uhr vormittags alles im Feuer gestanden und um 10 Uhr gegen die Nacht die ganze Stadt, samt dem schönen Rathaus, den Kirchen und Klöstern, völlig in Asche und Steinhaufen gelegen hat. Wollte das kaiserliche Kriegsvolk nicht selbst mitverbrennen, mußten sie schnell aus der Stadt weichen. Von den dreißigtausend Einwohnern Magdeburgs blieben nur ungefähr fünftausend am Leben.«[2]

---

1 Vgl. Grimmelshausen, H. J. Chr. v., Der Abenteuerliche Simplicissimus, Reclam-Verlag, Stuttgart 1970, S. 13.
2 Jessen, H., Der Dreißigjährige Krieg in Augenzeugenberichten, Rauch-Verlag, Düsseldorf 1963, S. 263.

Die Verwüstungen, die das Deutsche Reich während des 30jährigen Krieges trafen, zeigt die folgende Kartenskizze:[1]

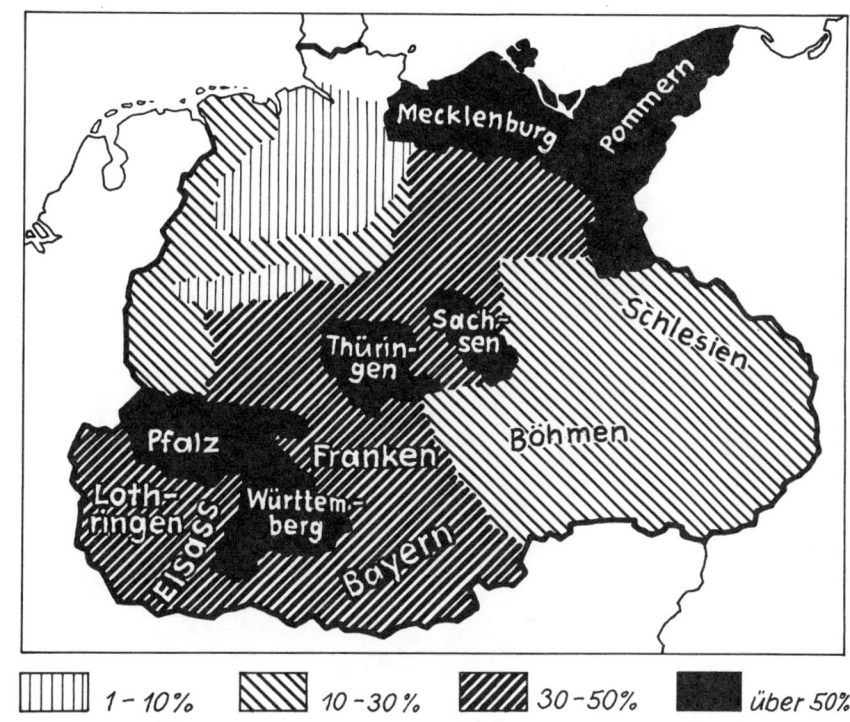

| ⊞ 1 – 10 % | ⊠ 10 – 30 % | ▨ 30 – 50 % | ■ über 50 % |

Das allgemeine Bild der auf der Karte dargestellten Verwüstungen wird durch folgende Einzelbeispiele noch verdeutlicht:

»Rechts und links des Rheins wird von Orten berichtet, die ›etliche Jahre öde und wüste‹ lagen, so daß ›keine lebendige Seele‹ mehr darin wohnte.

Das erst 1606 zur Festung erhobene Mannheim war ›so übel zugerichtet, daß es viele Jahre ohne Einwohner wüst gestanden‹ hat. Germersheim, das im 16. Jahrhundert (1557) 1150 Einwohner hatte, hatte 1636 noch 20, 1643 120. Kaiserslautern, das bei Kriegsbeginn 3200 Einwohner gezählt haben wird, hatte nach dem Blutbad von 1635 nur noch 200, die übrigen hatten den Tod gefunden. Nach anderen Angaben war es einige Jahre überhaupt unbewohnt. Auch wenn dies ein Einzelschicksal sein mochte, in dem umliegenden Oberamt Lautern lagen bei Kriegsende von den 62 Dörfern 30 wüst. Von den 4200 Einwohnern des Oberamtes lebten bei Kriegsende nur noch etwa 500, also etwa ein Achtel, in dem Amte. In dem größten Dorf des Amtes, Weilerbach, lebten vor dem Kriege 57 Familien, 1656 nur noch 6, von denen keine 30 Jahre zuvor im Dorfe ansässig gewesen war.«[2]

Die folgende Übersicht zeigt, daß auch in Hatzenport an der Mosel die Kriegsverluste ein hohes Ausmaß erreichten:

	1632	1648
Bürger:	40	24
Rindvieh:	150	4
Schweine:	70	—

1 Franz, G., Der Dreißigjährige Krieg und das deutsche Volk, Gustav-Fischer-Verlag, Stuttgart 1979⁴, S. 8.
2 Ebenda, S. 47.

MARTHIN LVTHER.   CATHARINA.

Nůhn Můeſs es Ia gewandert ſein,
Hab gemæindt ich het mich erſt gricht ein,
Weill ich dan hab Khain Bleibents Orth,
Můeſs ich Wider mein Willen fort,
Die Worths dienner mich Bſchwären ſehr,
Mein ſchwärer leib aber noch mehr,
Doch gibt mier Stärckh mein groſses glaſs,
Das ich forthin Khan gehen baſe,

O lieber Merth nimb deins Bauchs Wahr,
Leg ihn auff die Scheÿb Trůchen dar,
Damit deſtbaſe Kanſt Wandern forth,
Nach tragen Wil ich dir Gotts Wort,
Gåbſt dů mir auch Von deiner Sterck,
Theſt dů dran Warlich ein güets Werck,
Mein můnd iſt Speer, die Füeſs ſeind ſchwach,
Der Weg iſt Vehr O groſs Vngmach,

Wohlbestalte Pritsch-Schule / in welcher die Kays:

Soldaten nach Gebühr / bißanhero zimblich sind vber die Banck gezogen worden / vnd sollen auch hinfüro noch besser (mit Gottes Hülffe) gepritschet werden.

Der Soldat spricht:

1.

Ihr Pfaffenknechte liget still /
Vnd merckt / was ich euch sagen will /
Warumm man euch die Pritsche schlä-
Auff daß ihr desto baß versteht /   (get /
Wies einem Narrn so übel geht /
Der wider GOTT ins Feldt sich leget.

2.

Ihr habt das gantze Reich beschwert /
Das Landt verheert vnd außgezehrt /
Auch wider alle Krieges Sitten.
Der Bürger / Bawer / Edelmann /
Ward von euch stäts gegrieffen an /
Sein Brod ward jm von euch beschnitten.

3.

Nun weil ihr das gestohlne Brodt /
Auch wider Gottes selbst Verbott /
So geitzig in euch eingeschlucket /
Wird es in euch zu lauter Gifft /
Euch grosses Leyd im Hertzen stifft /
Vnd Kähl vnd Magen häfftig trücket.

4.

Ihr vnd ewr Lausiges Gesindt /
Habt auch geschändet manch Ehrlich Kind /
Das nun zu Gott vmb Rache schreyet /
Drumb ewre Sünd vnd Vbelthat /
Die Höll vnd Todt verdienet hat /
Zum Pritschen schlagen euch gedeyet.

5.

Ihr habt der Freunde schönes Landt /
In Grundt recht Teufflisch außgebrandt /
Ob gleich kein Feindt sich hingestellet.
Drumb denckt bey diesem Pritschen schlag /
Obs euch gleich häfftig schmertzen mag /
Daß ewer Grim euch selber fället.

6.

Ihr habt auch noch die reine Lehr /
Verfolget vnd durchächtet sehr /
Drumb müst ihr jetzt weit anders singen /
Dann da ihr vor das arme Volck /
Bedeckt mit ewer dicken Wolck /
Als wollet ihr es gantz verschlingen.

7.

Drumb ich auch jetzt an statt der Buß /
Euch feind ie Pritsche schlagen muß /
Daß Halß vnd Bein im Leibe knacket.
Nehmt hin / nehmt hin den Pritschenschlag:
Daran ihr ewer Lebetag /
Zur Gnüge sindt / darvon ihr quacket.

8.

Der tieffverfluchte Pfaffen-Krieg /
Bringt euch gar einen schlechten Sieg.
Wolt ihr der Pfaffen Werck forttreiben:
Laßt euch die Pritsche besser lehrn /
Die feiste Suppen euch bethörn /
Ihr hättets wohl mögn lassen bleiben.

9.   (merz zu /

Frisch drauff / feisch drauff / pritsch jm-
Sonst kommet Teutschlandt nit zur Ruh /
Pritsch jmmr pritsch / vnd verdien an denen /
Die Teutschlandt auff die Neyge bracht /
Ein ewigs Lob durch deine Macht /
Die Pritsche bringt den Feind zu schanden.

Getruckt / im Jahr Christi / 1632.

Aussagen der Karikaturen

In der Zeit der Reformation und des Dreißigjährigen Krieges wurde die Karikatur von beiden Konfessionsparteien in großer Zahl als Agitations- und Kampfmittel eingesetzt. Diese Zielsetzung ist bei den hier vorliegenden Karikaturen deutlich zu erkennen.

Die erste Karikatur zeigt Martin Luther und seine Frau Katharina von Bora auf der Flucht. Luther stützt seinen Bauch auf eine Schubkarre, die er mit beiden Händen drückt und aus der vorne die Köpfe der Reformatoren Melanchthon, Zwingli und Calvin herausschauen. Auf seinem Rücken trägt er ein hölzernes Gestell, auf dem weitere Geistliche zu sehen sind. In der linken Hand hält Luther einen großen Becher. Der dicke Bauch und der große Krug sollen Luther als freß- und trunksüchtig darstellen.
Seine Frau, die bescheiden mit einem Kind auf dem Arm, einen Pudel an ihrer linken Seite führend und eine Butte mit einer Bibel auf dem Rücken tragend, hinter ihm her geht, macht eher einen schmächtigen Eindruck. In dem Text wird der Versuch gemacht, Luther als Egoisten zu diffamieren, der seiner Frau nichts zukommen läßt.
Die Karikatur verspottet die im Zuge der Rekatholisierung Böhmens vertriebenen protestantischen Geistlichen. Dieser Spott wird personifiziert vor allem in der Gestalt Martin Luthers.

Auf der zweiten Karikatur knien drei kaiserliche Soldaten an einem Tisch. Hinter ihnen steht ein Soldat, der mit einer Pritsche zum Schlag ausholt. Rechts steht, auf eine Pritsche gestützt, der Schwedenkönig Gustav Adolf. Aus dem Text geht hervor, daß der König die Katholischen beschuldigt, Pfaffenknechte zu sein, sich gegen Gott erhoben, Menschen ausgeraubt und ermordet zu haben. Für diese Taten sollen sie mit der Prügelstrafe gezüchtigt werden. Die Karikatur ist aus protestantischer Sicht ein Spott auf die Niederlage der kaiserlichen Truppen unter Tilly 1631 bei Breitenfeld.

Einsatz im Unterricht

Thema: Der Verlauf des Dreißigjährigen Krieges

Beide Karikaturen sind nur im unmittelbaren Kontext mit den historischen Gegebenheiten interpretierbar. Eingebaut in den Informationstext, können beide Karikaturen die damaligen historischen Gegebenheiten verdeutlichen, veranschaulichen und verlebendigen. Insgesamt ist eine motivierende Wirkung zu erwarten.

2.2 Die Französische Revolution und die Zeit Napoleons (1789—1815)

2.2.1 Die Unterdrückung des 3. Standes (1789)

Historischer Hintergrund

Die vorrevolutionäre französische Gesellschaft setzte sich aus drei Ständen zusammen. Die jeweiligen Rechte und Pflichten waren für die Menschen genau festgelegt. Dieser Gesellschaftsaufbau wurde als Ausdruck gottgewollter Ordnung betrachtet, mit der der Mensch sich abzufinden hatte.

Gesellschaftsaufbau in Frankreich um 1780

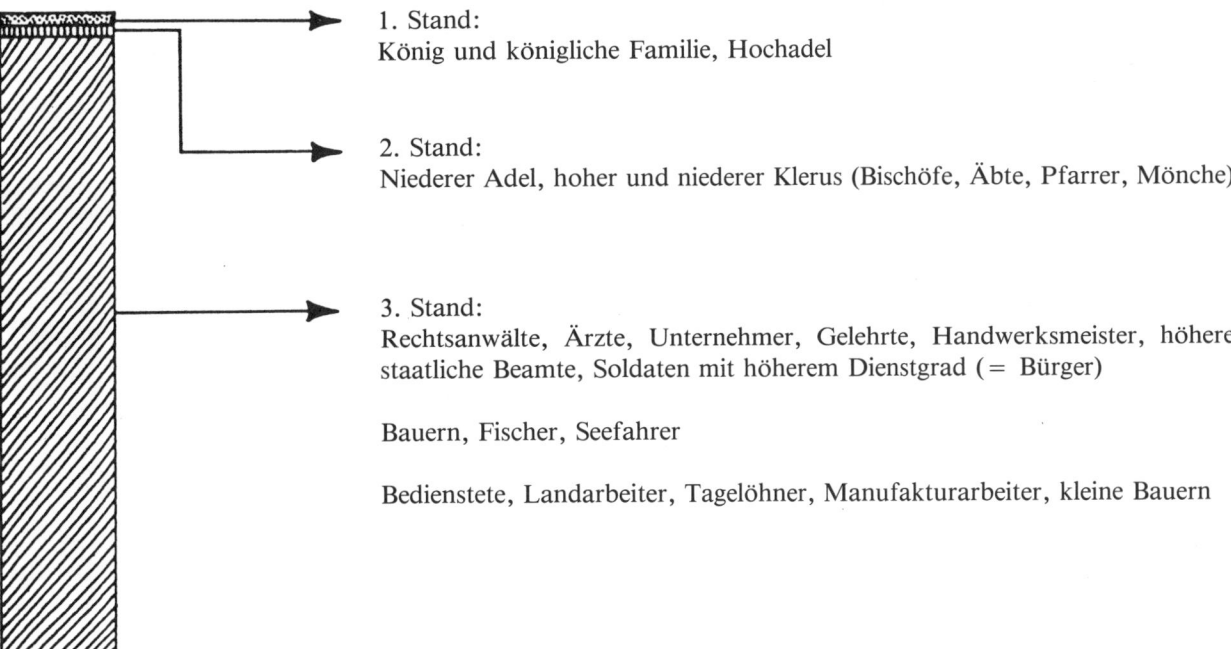

1. Stand:
König und königliche Familie, Hochadel

2. Stand:
Niederer Adel, hoher und niederer Klerus (Bischöfe, Äbte, Pfarrer, Mönche)

3. Stand:
Rechtsanwälte, Ärzte, Unternehmer, Gelehrte, Handwerksmeister, höhere staatliche Beamte, Soldaten mit höherem Dienstgrad (= Bürger)

Bauern, Fischer, Seefahrer

Bedienstete, Landarbeiter, Tagelöhner, Manufakturarbeiter, kleine Bauern

Zum 3. Stand gehörten ca. 98% der Bevölkerung. Davon mußten die meisten als Vieh-, Wein- oder Ackerbauern, Tagelöhner, Land- oder Manufakturarbeiter den Lebensunterhalt für sich und ihre Familien verdienen.

Die zwei obersten Stände waren privilegiert. Zum 1. Stand zählte man neben der königlichen Familie den Hochadel und die höhere Geistlichkeit, zum 2. Stand gehörten der Klerus und der niedere Adel.

Die wirtschaftliche Macht der Geistlichkeit war sehr groß. Die geistlichen Herren brauchten keine Steuern zu zahlen. Sie gehörten zu den großen Grundbesitzern, denn ihnen gehörten nach Schätzungen mehr als 10% des nutzbaren Bodens im Reich. Außerdem hatten sie eine weitere Einnahmequelle, den »Zehnten«, der auf allen landwirtschaftlichen Erträgen lastete. Entscheidenden Einfluß auf die Lebensweise der Landbevölkerung hatte das von den Adligen ausgeübte alte Herrenrecht. Es gab praktisch kein Land, das nicht diesem Herrenrecht unterworfen war und für das keine Lehnsabgaben zu leisten waren. Der Adel war Herr über jahrhundertealte Besitzungen, die deshalb so riesig waren, weil sie sowohl die Grundfläche umfaßten, die der Adel unmittelbar für sich bewirtschaften ließ, als auch jene Flächen, auf die er Abgaben von den Bauern erhob.

Die kleinen Bauern schuldeten dem Grundherrn Abgaben auf fast alle Dinge des täglichen Lebens; da gab es Ernte-, Weinlese-, Besitz-, Salzabgaben usw.

Schließlich unterlagen die auf solche Art und Weise erzielten Einkünfte des Adels und der Geistlichkeit nicht der allgemeinen Steuer, der »taille«, die alle anderen zahlen mußten.

Anteile der Stände am Grundbesitz und an den Steuern:

Grundbesitz

1. und 2. Stand   3. Stand

Steuern

1. und 2. Stand   3. Stand

Kurz vor der Revolution schrieb ein Bauer an einen königlichen Beauftragten in seiner Provinz:

»Die ganze Gegend ist mit Abgaben verpestet... Was soll man von all diesen Abgaben in allen Gestalten halten: von Körnerfrüchten, Gemüsen, Geld, Geflügel, Fronden, Holz, Obst, Kerzen?... Ich kenne noch eine unzählige Menge von anderen Herrenrechten. Warum hat man Frankreich nicht von all diesen verrückten Abgaben frei gemacht? Endlich fängt man an, die Augen zu öffnen, und es ist von der Weisheit der gegenwärtigen Regierung alles zu hoffen...«[1]

Über Adel und Geistlichkeit erhob sich eine angeblich von Gott eingesetzte absolute Institution: der König von Frankreich, die erbliche Verkörperung der absoluten Monarchie. Er vereinigte alle Gewalten in seiner Person, die Exekutive, Legislative und Judikative.

---

1 Lesewerk zur Geschichte, Die Französische Revolution, Ebenhausen 1961, S. 14/15.

Die Unterdrückung des 3. Standes (1789)

The Masell Collection, London.

taille	impôts	et	corvées
Grundsteuer	Steuern	und	Frondienste

Aussagen der Karikatur

Die Karikatur zeigt einen auf dem Rücken liegenden Bauern als Vertreter des 3. Standes. Bis auf den Kopf und die Beine ist der Bauer verdeckt bzw. belastet mit einem großen Stein. Dieser trägt die Aufschrift: taille = Grundsteuer, impôts = Steuern, corvées = Frondienste. Auf dem Stein stehen stolz und standesgemäß gekleidet je ein Vertreter des Adels und der Geistlichkeit.

Die Karikatur bringt deutlich zum Ausdruck, daß die zwei obersten Stände durch Steuern und Frondienste den 3. Stand wirtschaftlich ausbeuten und ihn als »Nährvater des Staates« benutzen.

Einsatz im Unterricht

Thema: Ursachen der Französischen Revolution

Die Karikatur kann bei dieser Thematik alternativ in der Lösungs- bzw. Anwendungs- und Vertiefungsphase zum Einsatz kommen.

In der Lösungsphase ist sie als Teil des Informationstextes geeignet, zur Auflockerung und Veranschaulichung beizutragen und damit die Motivation zu verbessern.

Ihr Einsatz in der Anwendungs- und Vertiefungsphase stellt die Schüler vor die Aufgabe, zuvor erworbene Kenntnisse und Einsichten neu zu strukturieren und als Interpretationshilfen anzuwenden.

2.2.2 Das Erwachen des 3. Standes (1789)

Historischer Hintergrund

Der König mußte im Mai 1789 die Generalstände, d. h. die Versammlung von Vertretern aller drei Stände, einberufen. Dies war notwendig geworden, weil einerseits der 3. Stand den Abbau der Privilegien des Adels erreichen wollte und andererseits der König wegen der hohen Staatsverschuldung eine Steuererhöhung von den Generalständen genehmigen lassen mußte. Der 3. Stand erhielt als Zugeständnis so viele Vertreter wie die beiden ersten Stände zusammen (1. Stand: 300, 2. Stand: 300, 3. Stand: 600).

Der König demütigte den 3. Stand gleich zu Beginn der Sitzung, indem er nur die oberen Stände in seiner Nähe duldete. Sein Ziel war es vor allem, die Steuern zu erhöhen, den Vertretern der ersten beiden Stände ging es um die Erhaltung ihrer Vorrechte, die Abgeordneten des 3. Standes dagegen wollten eine umfassende Reform des ganzen öffentlichen Lebens in Frankreich. Der König und die Adligen waren jedoch nicht bereit, über ihre Privilegien und über einschneidende Reformen zu sprechen. Da erklärten die Abgeordneten des 3. Standes am 17. Juni 1789: »Wir sind die einzigen und wahren Vertreter des ganzen französischen Volkes. Wir sind die Nationalversammlung.« Als daraufhin der König den Sitzungssaal sperren ließ, zogen sie in ein nahe gelegenes Ballhaus und schworen, sich nicht eher zu trennen, bis für Frankreich eine neue Verfassung gelten würde (Ballhausschwur).

Zur gleichen Zeit litten viele Menschen in Paris und in ganz Frankreich unter einer Hungersnot. Sie hatten alle Hoffnungen auf die Nationalversammlung gerichtet. Anscheinend vergeblich; denn es kam das Gerücht auf, daß der König Soldaten zusammengezogen habe, um gegen das Volk vorzugehen.
Die Pariser fühlten sich bedroht. Auf verschiedenen Plätzen wandten sich Redner an die Bevölkerung: »Bürger, nur eine Rettung bleibt uns: Zu den Waffen! Auf in den Kampf für die Freiheit, Gleichheit und Brüderlichkeit! Für das Volk, gegen die Tyrannen!«

In dieser Stimmung und unter der Parole »Freiheit, Gleichheit und Brüderlichkeit« kam es am 14. Juli zum Sturm auf die Bastille. Das war das verhaßte alte Staatsgefängnis, in dem die politischen Gefangenen des Königs saßen — ein festungsartiger Bau mit Türmen, Wassergräben und 30 Meter hohen Mauern. Nun zogen sie gegen dieses Sinnbild der königlichen Herrschaft und Unterdrückung. Tausendfach knatterte das Gewehrfeuer gegen die steinernen Mauern; der Kanonendonner hallte. Ein Schuß zersprengte das Tor. Die Menge drängte in den Hof und wälzte sich von Gang zu Gang. Sie tötete ergrimmt die Wachmannschaft und befreite die wenigen Gefangenen. Der Sturm auf die Bastille war das Signal für eine allgemeine Volkserhebung gegen die absolutistischen Gewalten und Strukturen. Ganz Frankreich wurde von der revolutionären Entwicklung ergriffen. Überall strömten die Bauern zusammen. Sie erstürmten die Herrensitze, holten die Besitzurkunden für den Grund und Boden aus den Ämtern und verbrannten sie. Die Steuerbeamten wurden davongejagt und die Zahlungen eingestellt. Auch in den Städten wurden die Beamten des Königs vertrieben.

Das Erwachen des 3. Standes (1789)

Bildarchiv Preußischer Kulturbesitz, Berlin.

Aussagen der Karikatur

Die Karikatur zeigt einen am Boden liegenden, gerade aus dem Schlaf erwachten Angehöri-
gen des 3. Standes. Verwundert schaut er auf die gesprengten Ketten und greift nach den vor
ihm liegenden Waffen. Links neben ihm recken die Vertreter des 1. und 2. Standes er-
schrocken und verängstigt die Arme hoch und ergreifen die Flucht. Im Hintergrund sind die
Bastille und auf Stangen aufgespießte Köpfe adliger Herren zu erkennen.

Der Karikaturist will den sich über ganz Frankreich ausbreitenden Aufstand des 3. Standes
gegen die Adligen und die Geistlichkeit darstellen.

Einsatz im Unterricht

Thema: Der Verlauf der Französischen Revolution

Phase der Motivation:

Die Karikatur schafft in dieser Phase eine Lückensituation. Die Schüler fragen, wie es zu dem hier dargestellten Verhalten der Vertreter des 3. Standes kommen kann. Es fällt ihnen nicht schwer, die Problemstellung bzw. Thematik der Stunde zu verbalisieren.

Phase der Lösung:
In dieser Phase kann die Karikatur als Verlebendigung und Veranschaulichung der zu erarbeitenden Fakten dienen. Sie ist entweder ein Teil des Informationspapiers oder wird bei der Interpretation der Texte zusätzlich als Erschließungshilfe mit eingebracht.

Phase der Anwendung und Vertiefung:
Die Karikatur ist eine neue Motivation, die zuvor erworbenen Informationen und Erkenntnisse anzuwenden, zu vertiefen und dadurch zu sichern.

Historischer Hintergrund

Napoleon I. wurde am 15. August 1769 in Ajaccio auf Korsika als Sohn des Patriziers Carlo Bonaparte und der Laetitia Ramolino geboren. Nachdem er 1779 eine Freistelle an der französischen Militärschule in Brienne erhalten hatte, wurde er 1785 zum Artillerieleutnant befördert.

Bei der Belagerung von Toulon, das die Royalisten besetzt hielten und von der englischen Flotte gedeckt wurde, zeichnete er sich mit einem erfolgreichen Angriffsplan aus, woraufhin er zum Brigadegeneral ernannt wurde. Napoleon schien damals ein Anhänger der Robespierre-Regierung zu sein; in Wahrheit jedoch orientierte er sich lediglich an derjenigen, die gerade regierte. Im Auftrag von Barras schlug er 1795 in Paris den Aufstand der Royalisten nieder. Durch seine Ehe mit Josephine Beauharnais erhielt Napoleon Zugang zu den tonangebenden Regierungskreisen.

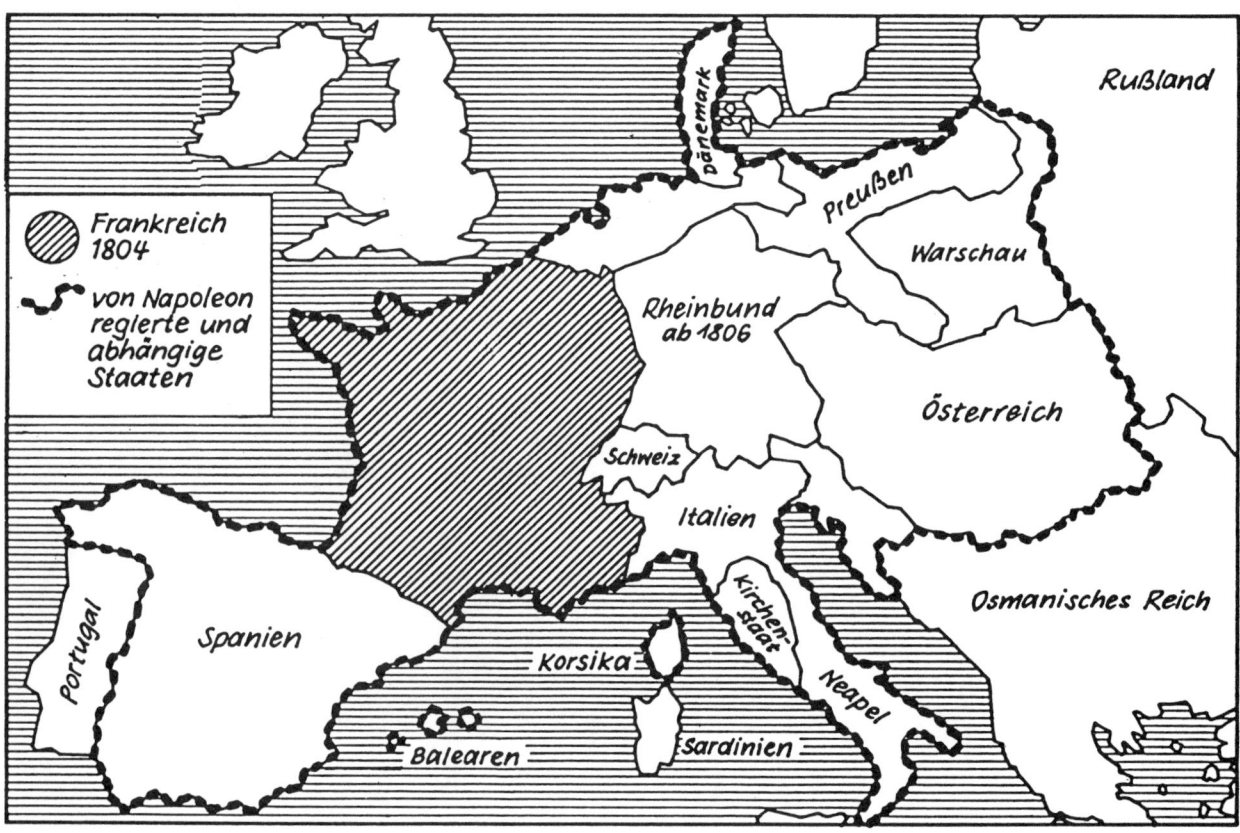

Gebiete, die von Napoleon beherrscht wurden.

1796/97 führte Napoleon den Italienfeldzug. Ohne Rücksprache oder Abstimmung mit der Regierung in Paris, schloß er auf eigene Faust Frieden mit dem Papst und vereinbarte einen Waffenstillstand mit Österreich. Diese autonome Handlungsweise macht deutlich, daß er mehr anstrebte als eine Militärlaufbahn. Indem er seine Machtstellung als Truppenführer ins Kalkül einbezog, nahm er Einfluß auf die Politik. Er unternahm nichts gegen die Regierung in Paris, er ignorierte sie vielmehr und handelte gleichzeitig im Interesse Frankreichs.

Um die englische Herrschaft in Indien zu schwächen, unternahm er 1798/99 den Feldzug nach Ägypten. Er sah sich jedoch zur Rückkehr nach Europa gezwungen, als Nelson bei Abukir einen Seesieg gegen die französische Flotte errungen hatte und die Franzosen in Deutschland und Italien schwere Niederlagen hatten hinnehmen müssen.

Nach dem Staatsstreich gegen das Direktorium der Französischen Republik am 9. November 1799 übernahm Napoleon als Erster Konsul die Alleinherrschaft in Frankreich. Die Soldaten und auch eine breite Öffentlichkeit erkannte in ihm den »Mann der Vorsehung«. Nach den Revolutionswirren gab er Frankreich mit einer straff organisierten Verwaltung und Polizei wieder eine feste administrative und rechtliche Ordnung. Insbesondere der Code civil stellt ein epochemachendes Gesetzeswerk in der europäischen Rechtsgeschichte dar.

In Gegenwart des Papstes krönte sich Napoleon 1804 in Paris zum erblichen Kaiser der Franzosen.

Napoleon, Herrscher des wirtschaftlich fortschrittlichsten Staates auf dem europäischen Festland, strebte die Hegemonie in Europa gegen den Widerstand Englands an. Er betrieb den Zusammenschluß der europäischen Staaten, um England in einem Wirtschaftskrieg zur Aufgabe seiner Vorstellungen vom europäischen Gleichgewicht zu zwingen. Mit seinen erfolgreichen Feldzügen in Deutschland und der Errichtung der Kontinentalsperre schien er seinem Ziel näherzukommen.

1807/08 ließ Napoleon Spanien und Portugal besetzen und machte seinen Bruder Joseph zum König. In den Jahren 1809 bis 1813 verstärkte sich der Widerstand der Spanier, und es kam zu nationalen Freiheitskriegen. Auch in Deutschland begann sich die Auflehnung gegen die französische Fremdherrschaft zu formieren. Der Rußlandfeldzug bildete den Wendepunkt seiner Laufbahn und Herrschaft. Bis auf unbedeutende Reste wurde die zu Beginn etwa 600 000 Mann umfassende »Grande Armée« völlig aufgerieben. Im Frühjahr 1813 erhob sich Preußen gegen Frankreich, und im Sommer desselben Jahres schloß sich Österreich der europäischen Koalition gegen Napoleon an.

In der Völkerschlacht bei Leipzig (16.—19. Oktober 1813) unterlagen die Franzosen vollständig. Am 31. März 1814 besetzten die Alliierten Paris, zwangen Napoleon am 6. April 1814 zur Abdankung und verbannten ihn auf die Insel Elba. Nach dem Intermezzo der »Hundert Tage« besiegelte die Schlacht bei Waterloo am 18. Juni 1815 das Schicksal Napoleons endgültig. Die Engländer internierten ihn auf der Insel St. Helena. Dort starb Napoleon am 5. März 1821. Napoleon scheiterte letztlich daran, daß zum einen das erwachende Selbstbewußtsein der europäischen Völker sich gegen seine Militärdiktatur zur Wehr setzte, zum anderen sein ins Maßlose übersteigerter Ehrgeiz den historischen Aufgaben nicht gerecht werden konnte.

Aufstieg und Fall Napoleons (1769—1821)

Corsischer Knabe. Militair Schüler. Glücksritter zu Paris. General. Herrscher. Großherrscher.
Abschied aus Spanien. Schlittenfahrt aus Moscau. Lebewohl! aus Deutschland. Ende
Fortdauer nach dem Tode.

Aus: Schulze, Fr., Die deutsche Napoleon-Karikatur, Weimar 1916, Nr. 9. Privatsammlung G. Marischka, München.

Aussagen der Karikatur

Links ist Napoleons Weg auf fünf aufsteigenden Stufen zum Kaiser der Franzosen dargestellt.
Jede Stufe zeigt Napoleon in einer wichtigen Phase seines Aufstiegs. Rechts sind die drei wesentlichen Stationen seines Abstiegs skizziert. Die jeweiligen Texte erleichtern die Interpretation. Im Vordergrund bringt der Karikaturist seine Vermutung über das Leben Napoleons
nach dessen Tod zum Ausdruck: Napoleon wird von zwei Teufelsgestalten mit einer Mist-
gabel durch Schläge bzw. Stiche gequält.

Einsatz im Unterricht

Thema: Die Zeit Napoleons (1769—1821)

Die Karikatur bietet einen guten Aufhänger für eine Gesamtwiederholung am Ende der Unterrichtseinheit. Die Schüler erläutern die einzelnen Stationen, indem sie ihr Wissen anwenden
und reproduzieren. Zusätzlich können bei den wichtigsten Ereignissen die Jahreszahlen als
Orientierungshilfen eingetragen werden.

2.3 Der amerikanische Unabhängigkeitskrieg (1775—1783)

2.3.1 Der Unabhängigkeitskampf der Kolonien (1775—1783)

Historischer Hintergrund

Die frühe Besiedlung Nordamerikas durch Europäer wurde besonders durch die Gruppe der Puritaner geprägt. Diese protestantische Glaubensgemeinschaft, die ihres Glaubens wegen England verlassen hatte, versuchte streng nach den Geboten zu leben und hart zu arbeiten. Ihr Segelschiff, mit dem sie 1620 die Fahrt in die »Neue Welt« antraten, trug am Bug den Namen »Mayflower« (Maiblume). Bevor die Pilgerväter in Amerika an Land gingen, schlossen sie eine Vereinbarung, die als »Mayflower-Vertrag« berühmt wurde. In diesem Abkommen wurden zwei wichtige Festlegungen getroffen:

— Die Siedler erklären sich als getreue Untertanen des Königs und gründen in seinem Auftrag die erste Kolonie in Virginia.
— Die Siedler wollen gerechte Gesetze entwerfen zum Wohle der Kolonien.

Im 18. Jahrhundert sind etwa zwei Mill. Menschen aus Europa nach Amerika ausgewandert. Ihnen gemeinsam war die Hoffnung auf einen neuen Anfang, auf ein wirtschaftlich besseres und politisch freieres Leben.
Während England politisch nur wenig Einfluß auf die Kolonien nahm, hatten diese sich wirtschaftlich streng den Interessen des Mutterlandes unterzuordnen. So durfte der gesamte Handel zwischen England und den Kolonien nur auf englischen Schiffen abgewickelt werden. Die Herstellung von Fertigwaren war in den Kolonien verboten. Die englischen Kaufleute durften in den Kolonien nicht nur ihre Fertigwaren konkurrenzlos und daher mit großen Gewinnen verkaufen, sondern sie durften dort auch billige Rohstoffe einkaufen.

Die Siedler und ihre Nachkommen wurden im Laufe der Zeit immer selbstbewußter. Es bildete sich mehr und mehr ein amerikanisches Nationalbewußtsein heraus. Die Bereitschaft, die wirtschaftliche Ausbeutung und Unterdrückung hinzunehmen, wurde ständig geringer. Als England 1763 nach dem Siebenjährigen Krieg die Kolonien zur Deckung seiner Kriegsschuld und zur Finanzierung der in Nordamerika stationierten Truppen mit Steuern belastete, protestierten die Siedler. Die Unzufriedenheit und die Spannungen wurden noch erhöht, als die Engländer die Handelsgesetze strenger anwendeten, neue Zölle, Stapelrechte und die Stempelsteuer einführten. Eben jene Stempelsteuer war dann auch der Anlaß für den im Jahr 1765 einberufenen Stempelsteuer-Kongreß. Die versammelten Abgeordneten der Kolonien lehnten die Steuern ab. Ihr Grundsatz war »no taxation without representation« — »keine Abgaben ohne Volksvertretung«.

Nach dem Kongreß folgten Streitfälle auf Streitfälle. Englische Waren wurden von den Kolonien boykottiert. Geheimbünde bildeten sich; Kolonien, die sich vorher eher feindlich gegenüberstanden, verbündeten sich zum Widerstand. Mit der Bostoner Tea-Party (16. Dezember 1773) erreichten die Spannungen ihren Höhepunkt. England hatte, nach vielerlei Rückzügen in der Steuergesetzgebung, die Teesteuer eingeführt und bestehenlassen, um nicht auf allen Ebenen den Kolonien nachgeben zu müssen. Über diese Teesteuer gerieten die Siedler so in Erregung, daß als Indianer verkleidete Kolonisten aus Protest die Ladung eines Teeklippers ins Meer warfen. Damit war der Weg zur Unabhängigkeit endgültig eingeschlagen. In Philadelphia trat im darauffolgenden Jahr ein Kontinental-Kongreß zusammen, in dem die 13 voneinander unabhängigen Kolonien George Washington, der die Trennung vom Mutterland durchsetzen sollte, zum Oberbefehlshaber der amerikanischen Streitkräfte wählten.

Ein zweiter Kongreß (1775) verabschiedete folgende Resolution: »Diese Vereinigten Kolonien sind und sollten von Rechts wegen freie und unabhängige Staaten sein. Sie sind der Lehenstreue zur englischen Krone entbunden.«[1]

Damit war der Weg für die Unabhängigkeitserklärung geebnet. Am 4. Juli 1776 wurde sie einstimmig angenommen.

Die berühmten Worte der Einleitung dieser Unabhängigkeitserklärung wurden zum Glaubensbekenntnis der amerikanischen Demokratie:

»Wir halten diese Wahrheiten für selbstevident, daß alle Menschen gleich geschaffen sind, daß sie von ihrem Schöpfer mit gewissen unveräußerlichen Rechten ausgestattet sind, daß darunter sind Leben, Freiheit und das Streben nach Glück, daß zur Sicherung dieser Rechte Regierungen unter den Menschen eingesetzt sind, die ihre gerechten Vollmachten von der Zustimmung der Regierten ableiten, daß, wenn immer eine Regierungsform für diese Zwecke schädlich wird, es das Recht des Volkes ist, sie zu ändern oder abzuschaffen.«[2]

England, das Mutterland, war nicht bereit, die Unabhängigkeitserklärung der Kolonisten einfach hinzunehmen. So kam es zu einer kriegerischen Auseinandersetzung zwischen dem Kolonistenheer unter der Führung George Washingtons und den englischen Truppen. Das Kolonistenheer setzte sich aus Farmern, Handwerkern und Kaufleuten zusammen, die im Kriegshandwerk total unerfahren waren. Außerdem fehlte es ihnen an Geld, Waffen und Munition, Pferden und Uniformen. Die englische Armee dagegen war gut ausgebildet und ausgerüstet. 30 000 Deutsche, die sich der König von England »gepachtet« hatte, dienten in ihr.

Im Herbst 1781 fiel die Entscheidung. Durch die Hilfe der französischen Flotte konnte George Washington das englische Heer bei Yorktown zur »Kapitulation«, zur Übergabe, zwingen. Die Kolonisten jubelten, denn endlich war Amerika frei. Aber erst ein Jahr später (am 5. Dezember 1782) verlas Georg III. in seiner Thronrede den entscheidenden Satz:

»... und so bin ich erbötig, die Kolonien als freie und unabhängige Staaten anzuerkennen.«

1 Angermann, E., Der Aufstieg der Vereinigten Staaten von Amerika (1607—1917), Stuttgart 1975³, S. 15
2 Mickel, W., Kampmann, W., Wiegand, B., Politik und Gesellschaft, Hirschgraben-Verlag, Frankfurt 1974⁵, S. 175.

Die amerikanische Unabhängigkeitserklärung (1776)

Zeichnung eines Unbekannten — Library of Congress in Washington.

Aussagen der Karikatur

Die Karikatur zeigt ein Pferd, das mit allen Mitteln versucht, seinen Reiter abzuwerfen; es will ihn nicht mehr länger tragen. Das wild galoppierende Pferd symbolisiert die für ihre Unabhängigkeit kämpfenden Kolonien, der Reiter den englischen König Georg III. Die Karikatur ist während des Unabhängigkeitskrieges entstanden. Sie kennzeichnet aus amerikanischer Sicht das Kernproblem der damaligen Zeit.

Einsatz im Unterricht

Themen: Der Unabhängigkeitskampf der Kolonien
Der Unabhängigkeitskrieg

Alternative Einsatzmöglichkeiten:

— Phase der Lösung
   In dieser Phase des Unterrichts dient die Karikatur der Verlebendigung des Unterrichts und der Veranschaulichung des Unterrichtsinhalts. Sie kann als Teil des Informationstextes eingebracht werden oder vom Lehrer bei der Besprechung der von den Schülern zuvor erarbeiteten Fakten als zusätzliches motivierendes Medium eingesetzt werden.

— Phase der Anwendung und Vertiefung
   Die Karikatur bewirkt hier eine neue Motivation und regt die Schüler an, die Unterrichtsergebnisse anzuwenden und dabei zu vertiefen.

2.3.2 Das Verhältnis zwischen England und den USA (1846—1898)

Historischer Hintergrund

James Monroe, amerikanischer Präsident (1817—1825), hatte in einer Botschaft, die als Monroe-Doktrin berühmt geworden ist, u. a. festgestellt: »Wir sind es deshalb der Aufrichtigkeit und den freundschaftlichen Beziehungen schuldig, die zwischen den Vereinigten Staaten und jenen Mächten bestehen, zu erklären, daß wir irgendwelchen Versuch ihrerseits, ihr System auf irgendeinen Teil dieser Hemisphäre auszudehnen, als gefährlich für unsern Frieden und unsere Sicherheit betrachten würden. Mit den bestehenden Kolonien oder den von irgendeiner europäischen Macht abhängigen Ländern haben wir uns nicht befaßt und werden wir uns nicht befassen. Aber was die Regierungen anbelangt, die ihre Unabhängigkeit erklärt und behauptet haben und deren Unabhängigkeit wir nach großer Überlegung und auf gerechte Prinzipien hin anerkannt haben, so konnten wir irgendeine Vermittlung zu dem Zwecke, sie zu unterdrücken oder in irgendeiner Weise ihr Geschick zu bestimmen, seitens irgendeiner europäischen Macht, in einem anderen Lichte nicht ansehen als die Kundgebung einer unfreundlichen Gesinnung gegen die Vereinigten Staaten.«[1]

Als die USA 1846 Gebiete im südwestlichen Grenzraum Kanadas einverleiben wollte (Oregon-Konflikt), trat Großbritannien diesem Vorhaben entgegen. Daraufhin schrieb der amerikanische Präsident James Polk (1845—1849) eine scharfe Botschaft an England, in der er sich gegen dessen Einmischen verwahrte.

Ab 1850 entwickelte auch der Großstaat USA eine imperialistische Politik:

— 1867 Die USA kaufen für 7 Millionen Dollar Alaska von Rußland.
— 1898 Die USA einverleiben Guam und die Philippinen.
— 1898 Die USA annektieren die Hawaii-Inseln.
— 1899 Die USA teilen sich mit Großbritannien und Deutschland die Samoa-Inseln auf.

1 Ebeling, H., Birkenfeld, W., Die Reise in die Vergangenheit, Westermann-Verlag, Braunschweig 1975, Band 4, S. 42.

"WHAT? YOU YOUNG YANKEE-NOODLE, STRIKE YOUR OWN FATHER!"

»Was, du junge Yankee-Nudel, du willst
deinen eigenen Vater schlagen!«
Englischer Zeichner,
1846 im Punch.

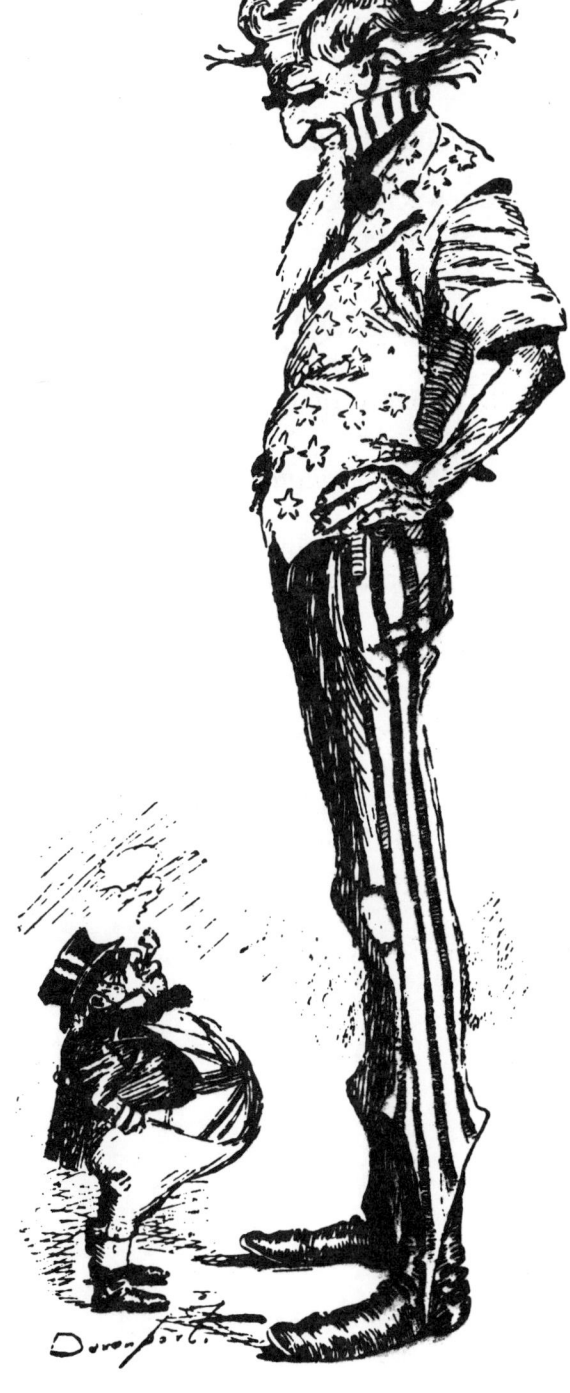

Amerikanischer Zeichner,
1898 im New-York Journal.

Aussagen der Karikaturen

Die erste Karikatur ist 1846 im »Punch« erschienen. Sie bezieht sich auf die Botschaft des amerikanischen Präsidenten James Polk an Großbritannien, in der er das Einmischen Englands in den Oregon-Konflikt zurückweist. England wird durch einen dickbauchigen, starken und selbstbewußten Herrn symbolisiert. Sein Gegenüber, der Amerikaner, ist als kleiner, schmächtiger und streitsüchtiger Mann dargestellt. Im Text dazu heißt es: »Was, du junge Yankee-Nudel, du willst deinen eigenen Vater schlagen!« Der Karikaturist, ein englischer Zeichner, will die amerikanische Politik gegenüber Großbritannien ins Lächerliche ziehen.

Die zweite Karikatur ist aus dem Jahr 1898 und stammt aus der Feder eines amerikanischen Künstlers. Der Engländer ist hier zwar auch noch als fettleibig dargestellt. Jedoch ist er jetzt wesentlich kleiner. Sein Blick geht hinauf zu dem Amerikaner. Der Amerikaner ist schlank und sehr groß. Selbstbewußt schaut er von oben auf den Engländer hinab.

Die Karikatur kennzeichnet treffend:

— das gewachsene Selbstbewußtsein der Amerikaner und ihr Selbstverständnis,
— den Wandel, der sich im Verhältnis der Amerikaner zu ihrem Mutterland vollzogen hat.

Einsatz im Unterricht

Thema: Der amerikanische Unabhängigkeitskampf

Bei diesem Thema empfiehlt sich der Einsatz der Karikaturen als Abschluß der unterrichtlichen Behandlung. Die Schüler erkennen, daß sich in einer relativ kurzen Zeit das Selbstbewußtsein bzw. das Nationalbewußtsein der Amerikaner verstärkt und ihr Verhältnis zum Mutterland erheblich gewandelt hat.

Thema: Der Aufstieg der USA

Hier bietet sich der Einsatz der Karikaturen in der Phase der Motivation an. Die Karikaturen bewirken eine Lückensituation und veranlassen die Schüler nach dem »Wie« und dem »Warum« zu fragen.

2.4 Der Vormärz und die deutsche Revolution (1814/15—1848/49)

2.4.1 Die Restauration (1814/15—1848/49)

Historischer Hintergrund

Der Begriff »Restauration« bezeichnet die Epoche zwischen 1814/15 und 1848/49. Das absolutistische Herrschaftsprinzip sollte gegen die Einheits- und Freiheitsbewegung, die sich unter dem Druck der französischen Hegemonie herausgebildet hatte, wiederhergestellt werden.

Im Jahr 1808 hatte der preußische König Friedrich Wilhelm III. unter dem Eindruck der katastrophalen Niederlage seiner Armee gegen Napoleon und der harten Bedingungen des Tilsiter Friedens seinem Volk eine Verfassung versprochen. In Preußen beginnt eine Phase der inneren Reformen, deren Grundgedanken sich in der »Nassauer Denkschrift« (Juni 1807) des Freiherrn vom Stein finden. Er fordert eine organische Staatserneuerung, um die tiefe Kluft zwischen Staat und Gesellschaft zu überwinden. Dazu will vom Stein den Staat auf eine neue soziale und politische Grundlage gestellt sehen, die Freiheit und Gleichheit garantiert.
Mit dieser Neuordnung Preußens beginnt sich der Widerstand gegen Napoleon im Volk zu formen. Die Freiheit Deutschlands und seine nationale Einigung auf der Grundlage einer freiheitlicheren Verfassung werden zu unlösbar miteinander verbundenen Zielvorstellungen einer künftigen staatlichen Ordnung. Nach dem Fehlschlag des Rußlandfeldzuges entsteht, ausgehend von Ostpreußen und Schlesien, eine Volksbewegung, wie man sie bisher nicht gekannt hat. Widerstrebend ruft der preußische König zum Kampf gegen Frankreich und für die Befreiung Deutschlands auf. Bewußt setzen nun die Fürsten die Volkskraft für diese Ziele ein.

Volksopfer, IV a/16, Th. Benzinger,
Lichtbilderverlag, Stuttgart.

Und so kehren die Freiheitskämpfer mit dem Gefühl zurück, Deutschland werde im Sinne einer freiheitlichen Verfassung umgestaltet. Freiherr vom Stein artikuliert diese Erwartungen in einer Denkschrift von 1813: »Die Fortdauer der Zerstückelung Deutschlands in 36 Despotien ist ... verderblich für die bürgerliche Freiheit und für die Sittlichkeit der Nation.« Er verlangt die Aufhebung der einzelstaatlichen Souveränität sowie eine Landeshoheit, die den Bedürfnissen und Wünschen der Nation angemessen ist. Die Fürsten indes sehen in den Forderungen nach innenpolitischer Freiheit und nationaler Einheit eine Gefährdung der absolutistischen Herrschaftsstrukturen; sie sind daher nicht mehr bereit, die Versprechen, die angesichts der Bedrohung durch Napoleon abgegeben wurden, einzulösen. Gegen die Einheits- und Freiheitsbewegung bilden sie eine Einheitsfront, die sich in der 1815 gegründeten »Heiligen Allianz« dokumentiert.

Die Monarchen von Rußland, Österreich und Preußen nach der siegreichen Schlacht von Leipzig im Jahr 1813:

»Gegen Napoleon hast Du uns geholfen, o Herre Gott, nun hilf uns gegen unsere Völker!«
Aus: Simplicissimus 1913.

Aussage der Karikatur

Die im Oktober 1913 zum 100jährigen Jubiläum der Völkerschlacht bei Leipzig erschienene Karikatur zeigt die verbündeten Monarchen von Rußland, Österreich und Preußen. Auf dem noch in Pulverqualm gehüllten Schlachtfeld knien die drei Herrscher eines Sinnes nebeneinander, die Hände zum Bittgebet gefaltet, den Blick im Vertrauen auf die Hilfe »von oben« zum Himmel gerichtet. Besessen vom Willen zur Macht, scheinen sie die Verwüstungen und den toten oder verletzten Soldaten vor sich nicht wahrzunehmen. Die Menschen, die im Kampf für ihren Staat ihr Leben lassen mußten, spielen im Kalkül der Fürsten offenbar keine Rolle. Der Betrachter weiß nicht genau, ob sie mit Blindheit geschlagen oder gleichgültig gegenüber der akuten Notlage sind.

Das Motiv für ihr Gebet unmittelbar nach der Schlacht liegt in der Befürchtung, ihre bisher unbeschränkte Machtposition an die Freiheitsbewegung verlieren zu können. Um dies zu verhindern, ist ihnen jedes Mittel recht, symbolisiert in der für Herrscher ungewöhnlich devoten Haltung. Der Kommentar zur Karikatur »Gegen Napoleon hast Du uns geholfen, o Herre Gott, nun hilf uns gegen unsere Völker!« entlarvt schlaglichtartig die Denkhaltung und die tatsächliche Einstellung der fürstlichen Staatsoberhäupter gegenüber den Hoffnungen der Menschen auf eine freiheitlichere Staatsordnung. Die Fürsten zeigen keine Spur von Dankbarkeit für den gewonnenen Kampf; im Gegenteil, sie versuchen, den lieben Gott für ihre Machtinteressen einzuspannen. Damit stellen sie eine herrschende Kaste dar, die mangels Solidarität außerhalb der Volksgemeinschaft steht.

Einsatz im Unterricht

Thema: Restaurative Politik und die Freiheitsbewegung (1814/15—1848/49)

Die Karikatur wird vor allem als Medium zur Vertiefung oder als Grundlage einer Wiederholung im Unterricht Verwendung finden. Unabdingbare Voraussetzung ist dabei, daß der Gegensatz zwischen der restaurativen Politik einerseits und der Einheits- und Freiheitsbewegung andererseits gründlich erarbeitet und verstanden ist.

Unter Lenkung des Lehrers beschreiben die Schüler zunächst die Karikatur in ihren Einzelheiten und gehen dann auf die symbolische Bildsprache ein (uniformierte Fürsten in untertäniger Haltung, die Hände zum Gebet gefaltet, die Augen zum Himmel erhoben; Schlachtfeld noch in Pulverqualm gehüllt; ein toter Soldat, stellvertretend für die Masse der Gefallenen). Unter Einbeziehung ihres erworbenen Wissens über die Restaurationspolitik der Fürsten gelangen die Schüler durch Interpretation zu folgenden Erkenntnissen:

— Die drei dargestellten Staatsoberhäupter von Rußland, Österreich und Preußen repräsentieren die damalige Fürstenwelt.

— In Verbindung mit dem Kommentar entlarvt die Karikatur Denkhaltung und Einstellung der Fürsten gegenüber den Bedürfnissen ihrer Völker. Es wird offenkundig, daß sie ihre Untertanen nur zur Durchsetzung ihrer Machtinteressen benutzten und niemals daran dachten, den Wünschen auf eine freiheitlichere Staatsordnung nachzugeben.

— Das Augenmerk der Fürsten ist so auf die Eigeninteressen konzentriert, daß sie unfähig sind, die akute Notlage rings um sie herum wahrzunehmen.

— Sie scheuen nicht davor zurück, den lieben Gott vor den Karren ihrer Politik zu spannen, um gegen die Erwartungen des Volkes ihre Machtpositionen zu erhalten.

— Die politische Haltung der Fürsten kennt keine Solidarität mit ihren Völkern.

2.4.2 Der Denker-Club (1819)

Historischer Hintergrund

1815 hatten die Fürsten auf dem Wiener Kongreß durch die Gründung des Deutschen Bundes die Zersplitterung Deutschlands aufrechterhalten und den Absolutismus wiederhergestellt bzw. gesichert. Die Erwartungen des Volkes nach Einheit und Freiheit waren nicht verwirklicht worden. Sie blieben jedoch als Ideen und Ziele erhalten und bestimmten die Auseinandersetzungen der nachfolgenden Jahrzehnte.

Studenten waren der Überzeugung, daß auf den Universitäten der Grund gelegt werden müsse für ein geeintes und freies Deutschland. Am 12. Juni 1815 schlossen sie sich zur »Deutschen Bruderschaft« zusammen, deren Leitspruch »Ehre, Freiheit, Vaterland« hieß. Die Burschenschaft war gegen die Beschlüsse des Wiener Kongresses und die dort vereinbarte Restauration, besaß jedoch kein konkretes politisches Programm. Außer den Burschenschaften gab es auch geheime Studentenverbindungen. Eine von diesen, die »Unbedingten«, forderten: »Nieder mit den Kronen, Thronen, Drohnen, Baronen! Sturm!« Sie scheuten auch nicht vor dem politischen Mord zurück, um ihre Ziele zu erreichen.

Die Regierenden der damaligen Zeit waren der Auffassung, daß durch rechtzeitige Reaktion Aufstände oder gar eine Revolution verhindert werden könnten. Als am 23. März 1819 der Student Karl Ludwig — er war Mitglied der »Unbedingten« — einen Schriftsteller ermordete, nahm Fürst Metternich diese Tat zum Anlaß, um die »Karlsbader Beschlüsse« durchzusetzen. Im wesentlichen wurde folgendes bestimmt:

— Am Ort der Universität werden »außerordentliche, landesherrliche Bevollmächtigte« angestellt, um die Vollziehung der Gesetze sowie die Gesinnung der Lehrer zu überwachen.

— Jene Lehrer, welche die öffentliche Ordnung stören und Staatseinrichtungen durch ihre Lehren untergraben, werden von den Universitäten und Lehranstalten entfernt.

— Angehörige der Burschenschaften werden zu keinem öffentlichen Amt zugelassen.

— Die Burschenschaften werden verboten, weil sie als »geheime oder nicht autorisierte Verbindungen« angesehen werden.

— Der Zensur unterliegen Presse und Publizistik. Alle Schriften, die täglich erscheinen und 20 Seiten nicht überschreiten, sind verboten.[1]

Mit den Karlsbader Beschlüssen begann eine Epoche politischer Verfolgungen.

1 Guggenbühl, G. (Hrsg.), Quellen zur Allgemeinen Geschichte der Neuesten Zeit, Schulthess-Verlag, Zürich 1939², S. 130—133.

Der Denker-Club (1819)

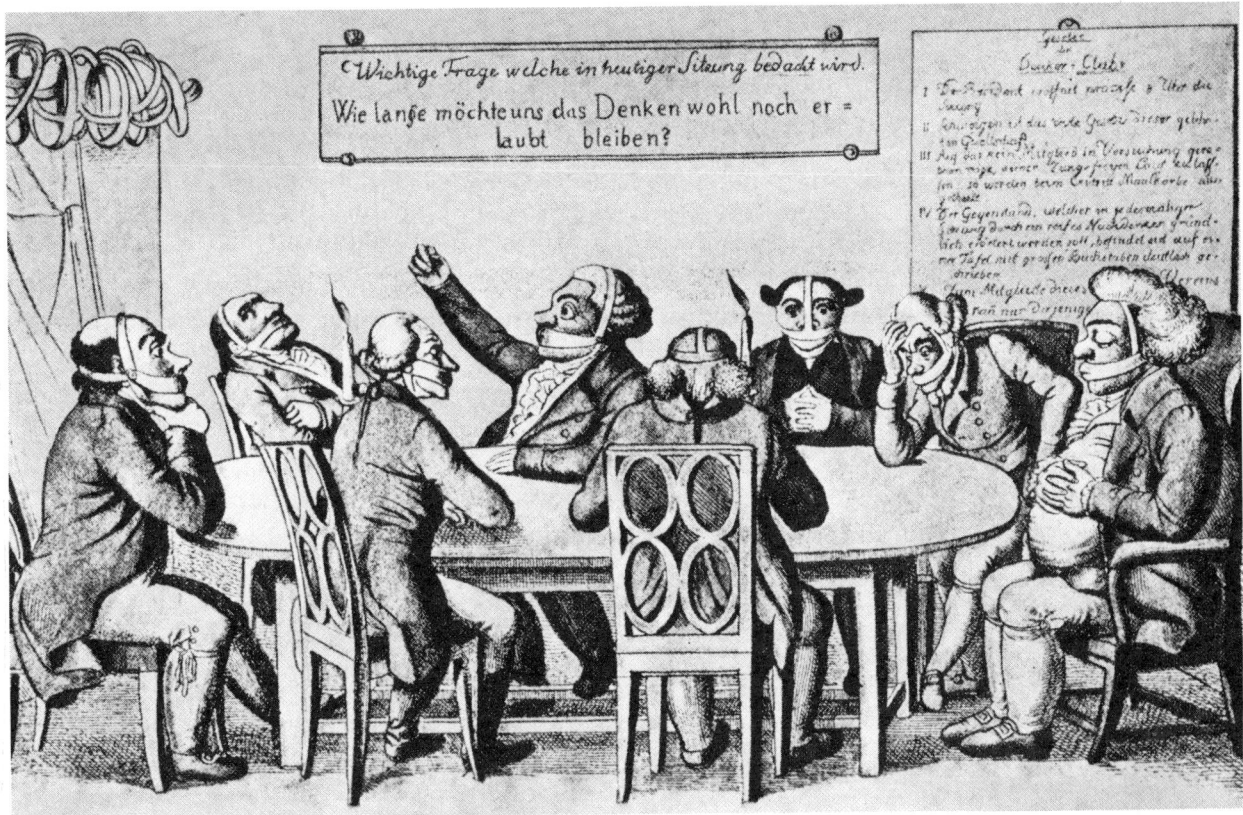

Gesetze des Denker-Clubs:
2. Schweigen ist das erste Gesetz dieser gelehrten Gesellschaft.
3. Auf das kein Mitglied in Versuchung geraten möge, seiner Zunge freien Lauf zu lassen, so werden beim Eintritt Maulkörbe ausgeteilt.
4. Der Gegenstand, welcher in jeweiliger Sitzung durch ein reifes Nachdenken gründlich erörtert werden soll, befindet sich auf einer Tafel mit großen Buchstaben deutlich geschrieben.
Aus: Zeiten und Menschen, Band 3, Ferdinand Schöningh, Paderborn 1977, S. 115.

Aussagen der Karikatur

An einem ovalen Tisch sitzen acht Männer. Ihr Mund ist mit einem Tuch zugebunden. Am Eingang des Zimmers hängen weitere Maulkörbe. In der Mitte des Raumes ist an der Wand zu lesen: »Wichtige Frage, welche in heutiger Sitzung bedacht wird: Wie lange möchte uns das Denken wohl noch erlaubt bleiben?« Rechts befindet sich ein Plakat, auf dem die Gesetze des Denker-Clubs aufgeschrieben sind.
Die Karikatur richtet sich gegen die Unterdrückung der Rede- und Pressefreiheit infolge der Karlsbader Beschlüsse.

Einsatz im Unterricht

Themen: Die Karlsbader Beschlüsse
Die Ursachen der Revolution von 1848

Falls es zeitlich möglich ist, die »Karlsbader Beschlüsse« als eigenes Thema zu behandeln, ist der Einsatz der Karikatur alternativ in allen Unterrichtsphasen möglich:

— In der Motivation regt sie an, Fragen aufzuwerfen; sich vor allem für die Bestimmungen zu interessieren, die hier angeprangert werden.
— In der Lösungsphase kann die Karikatur den Informationstext veranschaulichen und verlebendigen.
— In der Anwendungsphase motiviert die Karikatur die zuvor erarbeiteten Fakten bei der Interpretation einzusetzen, zu vertiefen und zu sichern.

Wenn die Themenstellung »Ursachen der Revolution von 1848« heißt, bietet sich für den Einsatz vor allem die Anwendungs- und Vertiefungsphase an.

2.4.3 Gränzverlegenheit (1833)

Historischer Hintergrund

Nach der Niederlage Napoleons trafen sich die Fürsten und Staatsmänner der europäischen Mächte im Herbst 1814 in Wien. Dort auf dem Wiener Kongreß sollten die Friedensbestimmungen beschlossen werden. Vor allem ging es um die Festlegung der zukünftigen Grenzen. Die Verhandlungen erwiesen sich als sehr schwierig, weil jeder Staat befürchtete, von dem anderen übervorteilt zu werden. Die Bildung eines deutschen Nationalstaates scheiterte, weil

— eine Machtzusammenballung in der Mitte Europas durch ein geeintes Deutschland den Interessen der Großmächte widersprach,
— Österreich und Preußen sich der Einrichtung einer Zentralgewalt widersetzten,
— die Bildung eines Bundesstaates durch den Souveränitätsanspruch der Einzelstaaten verhindert wurde.

Im Jahr 1815 kam es zur Gründung des Deutschen Bundes. Er war durch folgende Kriterien gekennzeichnet:
— Es handelte sich um einen aus 35 Ländern und 4 Freien Städten bestehenden lockeren Zusammenschluß der deutschen Staaten.
— Die Fürsten der einzelnen Länder konnten in ihrem Gebiet nach Belieben schalten und walten.
— Einziges gemeinsames Organ war die Bundesversammlung in Frankfurt. Sie war jedoch keine Volksvertretung, sondern ein Gesandtenkongreß, der sich aus Vertretern der Einzelstaaten zusammensetzte.
— Ein weiterer Ausbau in Richtung auf einen Bundesstaat war praktisch ausgeschlossen, da Verfassungsänderungen nur durch einheitlichen Beschluß aller Staaten erfolgen konnten.

Im Deutschen Bund besaß jeder Staat eigenes Geld, eigene Maße und Gewichte. Die wirtschaftlichen Nachteile, vor allem gegenüber den Großmächten Frankreich und England, waren so gravierend, daß in weiten Kreisen auf Abänderung der bestehenden Verhältnisse gedrängt wurde. Der Tübinger Professor Friedrich List forderte in seiner Bittschrift an die Bundesversammlung vom 14. April 1819 die Aufhebung der Zölle im Innern Deutschlands und die Schaffung eines Zollsystems nach außen.

»Achtunddreißig Zoll- und Mautlinien in Deutschland lähmen den Verkehr im Innern und bringen ungefähr dieselbe Wirkung hervor, wie wenn jedes Glied des menschlichen Körpers unterbunden wird, damit das Blut ja nicht in ein anderes überfließe. Um von Hamburg nach Österreich, von Berlin in die Schweiz zu handeln, hat man zehn Staaten zu durchschneiden, zehn Zoll- und Mautordnungen zu studieren, zehnmal Durchgangszoll zu bezahlen ... Trostlos ist dieser Zustand für Männer, welche wirken und handeln möchten; mit neidischen Blicken sehen sie hinüber über den Rhein, wo ein großes Volk, vom Kanal bis an das Mittelländische Meer, vom Rhein bis an die Pyrenäen, von der Grenze Hollands bis Italien auf freien Flüssen und offenen Landstraßen Handel treibt, ohne einem Mautner zu begegnen.«[1]

Die wirtschaftlichen Nachteile, vor allem gegenüber den Großmächten Frankreich und England, waren so gravierend, daß in weiten Kreisen auf Abänderung der bestehenden Verhältnisse gedrängt wurde.

1 Schönbrunn, G. (Hrsg.), Das bürgerliche Zeitalter 1815—1914, Nr. 80, S. 101, in: Geschichte in Quellen, hrsg. v. Lautemann, W., Schlenke, M., Bayerischer-Schulbuch-Verlag, München 1980.

Der Tübinger Professor Friedrich List verfaßte 1819 eine Denkschrift, in der er die Abschaffung der Zollschranken forderte. Dort heißt es u. a.: »Unzählige Zoll- und Mautlinien lähmen in Deutschland den Verkehr im Innern und bringen ungefähr dieselbe Wirkung hervor, wie wenn jedes Glied des menschlichen Körpers unterbunden wird, damit das Blut ja nicht in ein anderes überfließe.«

»Trostlos ist dieser Zustand für Männer, welche wirken und handeln möchten. Mit neidischen Blicken sehen sie hinüber über den Rhein, wo ein großes Volk vom Kanal bis an das Mittelländische Meer, vom Rhein bis an die Pyrenäen, von der Grenze Hollands bis Italien auf freien Flüssen und offenen Landstraßen Handel treibt, ohne einem Mautner zu begegnen.«[1]

Trotz anfänglicher Widerstände wuchs doch bei immer mehr Staatsmännern die Erkenntnis, daß es mit den Zöllen nicht so weitergehen könne. Nach zähen und langwierigen Verhandlungen kam es am 22. März 1833 zu einem Zollvertrag zwischen Preußen, Hessen, Bayern und Württemberg. In der Silvesternacht 1833 fielen die Zollschranken zwischen den deutschen Staaten.

1 Schmidt, W. (Hrsg.), Teubners Quellensammlung für den Geschichtsunterricht. Vom Deutschen Bund zur Paulskirche, Leipzig u. Berlin 1931, S. 15.

Gränzverlegenheit (1833)

Gränzverlegenheit.

„Sie sehen, Herr Gränzwächter, daß ich nix zu verzolle hab', denn was hinte auf'm Wagen ist, hat die Lippi'sche Gränz noch nit überschritten, in der Mitt' ist nix, und was vorn drauf is, ist schon wieder über der Lippischen Gränze drüben."

»Sie sehen, Herr Grenzwächter, daß ich nix zu verzolln hab', denn was hinte auf dem Wage is, hat die lippische Grenze noch nit überschritte, in der Mitt' is nix, und was vorn drauf is, is schon wieder über die lippische Grenz drübe.«

Bildarchiv Preussischer Kulturbesitz, Berlin.

Aussagen der Karikatur

Vorne befinden sich zwei geöffnete Schlagbäume. Zwei Schilder zeigen an, daß es sich um die Grenze des Landes Lippe Schauenburg handelt. Vor jedem Schlagbaum steht ein Grenzwächter. Zwischen den beiden Schlagbäumen ein großer von Pferden gezogener Wagen. Die Ladung ist mit einem Tuch abgedeckt. Der Planwagen hat mit seinem vorderen Teil einen Schlagbaum bereits durchfahren, ist mit seinem Heck aber noch nicht am hinteren Schlagbaum vorbei. Vor dem Wagen stehen ein Grenzwächter und ein Kaufmann. Sie befinden sich im Gespräch: »Sie sehen, Herr Grenzwächter, daß ich nix zu verzolln hab', denn was hinte auf dem Wage is, hat die lippische Grenze noch nit überschritte, in der Mitt' is nix, und was vorn drauf is, is schon wieder über die lippische Grenz drübe.« Die Karikatur richtet sich gegen die Zollschranken, zieht sie ins Lächerliche bzw. verspottet sie.

Einsatz im Unterricht

Thema: Der deutsche Zollverein

Alternative Einsatzmöglichkeiten:

Je nach der Bedingungslage empfiehlt sich der Einsatz der Karikatur in der Erarbeitungsphase (Lösung) oder in der Anwendungs- und Vertiefungsphase. Bei der Erarbeitung verdeutlicht sie die ablehnende Haltung vieler Deutschen gegenüber den Zollschranken.

In der Anwendungs- und Vertiefungsphase regt sie die Schüler an bzw. fordert sie auf, die Gründe für die Bildung des Zollvereins zusammenfassend und wiederholend darzustellen.

In jedem Fall aber geht von der Karikatur eine motivierende und den Unterricht verlebendigende Wirkung aus.

59

2.4.4 Die Parlamentsschaukel (1848)

Historischer Hintergrund

Am 18. Mai 1848 konstituierte sich die Nationalversammlung in der Paulskirche zu Frankfurt. Die Abgeordneten stammten in erster Linie aus dem gebildeten Mittelstand. Auf den Bänken saßen Industrielle, Gutsbesitzer, Richter, Anwälte, Verwaltungsbeamte, Bürgermeister, Schriftsteller, Geistliche, Ärzte, Professoren, wenige Handwerker und ein einziger Kleinbauer. Nur die wenigsten Mitglieder dieses Parlaments hatten politische Erfahrung. Parteibildungen oder Fraktionen im heutigen Sinn gab es nicht. Abgeordnete mit ähnlichen Auffassungen trafen sich in Frankfurter Gaststätten. Dort bildeten sie fraktionsartige Gruppierungen, die sie nach einzelnen Lokalen benannten (Casino, Deutscher Hof, Württemberger Hof). Die Gruppierungen waren unstet; es kam ständig zu Abspaltungen, Neubildungen und Übertritten. Deshalb herrschte im Parlament keine Disziplin. Die Abgeordneten unterhielten sich ständig mit ihren Nachbarn oder in kleinen Gruppen, hörten dem eigentlichen Redner nicht zu und wußten zeitweise nicht, was überhaupt verhandelt wurde. Nicht selten umfaßte die Rednerliste zu einem Punkt 100 und mehr Namen. Die Folge war, daß das Parlament nur bedingt funktionsfähig war, die Entscheidungsfindung war äußerst langwierig.

Die Parlamentsschaukel (1848)

Heissa, juchheisa dudeldeidumdei.
Der Teufel hole die Schaukelei.
Wo bleibt da die parlamentarische Sitte?
Hierher noch ein Dutzend, zu mir, in die Mitte!
Glaub's wohl, so herauf und herab euch zu schwenken.
Das behagt Euch besser, als fein zu bedenken.
Ob nicht über all' dem Gedrück und Gebocke
Wir zum Gukuk gehen mit Brot und mit Booke.

So statthohe Bursche von Leib und von Jahren,
Und so toll und so wild auseinanderzufahren,
Daß vor lauter Eifer Ihr wahrlich zuletzt
In die blauen Lüfte den Hinteren setzt,
Oder gar zu schwer an den Enden bepackt.
In der Mitte das Brot auseinanderknackt!
Dann ist's mit dem ganzen Gerutsche vorbei,
Der Teufel hole die Schaukelei!

Zeitgenössisches Einzelblatt um 1848. Karikaturistische Darstellung der Nationalversammlung in der Paulskirche zu Frankfurt.
Kupferstich von Friedrich Pecht. Westfälisches Landesmuseum für Kunst und Kulturgeschichte, Münster.

Aussagen der Karikatur

In der Mitte der Karikatur befindet sich ein vierfüßiger Holzbock. Darauf liegt ein langer Balken, der von den Abgeordneten als Wippe bzw. Schaukel benutzt wird. Auf den beiden Außenenden ist die Schaukel voll besetzt, während in der Mitte der Parlamentspräsident von Gagern fast alleine steht. Die Schaukel droht umzukippen. Einige Abgeordnete halten sich an der Deutschlandkarte fest, die dabei zerreißt. Die Frankfurter Nationalversammlung droht zu scheitern, wenn die Abgeordneten sich nicht bald einigen und zu Beschlüssen kommen.
Die satirischen Verse unter der Karikatur kommentieren die Darstellung.

Einsatz im Unterricht

Thema: Die Nationalversammlung in Frankfurt 1848/49

Alternative Einsatzmöglichkeiten:

— Phase der Lösung bzw. Erarbeitung
  Die Karikatur eignet sich hier als ein Bestandteil eines Informationstextes, der über die
  Aufgabenstellung, die Zusammensetzung, die Arbeitsweise und die Ergebnisse der
  Nationalversammlung in der Frankfurter Paulskirche berichtet. Er veranschaulicht hier
  einzelne Fakten.

— Phase der Anwendung und Vertiefung
  In dieser Phase ist die Karikatur Anstoß und Motivation, wichtige Aspekte der Thematik
  vertiefend zu diskutieren und dadurch zu sichern.

2.4.5 Der Sieg der Reaktion in Europa (1849)

Historischer Hintergrund

Mit der Ablehnung der Kaiserkrone durch Friedrich Wilhelm IV. im Mai 1849 war die Revolution gescheitert. In einer Reihe von Ländern erfolgte eine Revision der Verfassungen mit dem Ziel, die absolutistische Ordnung wiederherzustellen. Eine Reihe von Parlamenten wurde aufgelöst. 1851 hob der Deutsche Bund die »Grundrechte des deutschen Volkes« auf. Die Monarchen regierten ohne Kontrolle des Volkes.

Überall in Deutschland versuchten Arbeiter-, Volks- und Vaterlandsvereine mit Bittschriften, Presseveröffentlichungen und Demonstrationen, die Regierungen zur Annahme der Reichsverfassung zu bewegen.
In Baden beschloß eine Landesvolksversammlung am 13. Mai 1849:
»Die deutschen Fürsten haben sich zur Unterdrückung der Freiheit verschworen und verbunden; der Hochverrat an Volk und Vaterland liegt offen zutage. Das badische Volk wird daher die Volksbewegung in der Pfalz mit allen ihm zu Gebote stehenden Mitteln unterstützen.«[1]

Die Aufstände wurden jedoch mit Hilfe des Militärs niedergeworfen. Viele demokratisch und liberal gesinnte Bürger erhielten zum Teil hohe Zuchthausstrafen.

Der Geschworenenprozeß gegen Johann Jacoby im Dezember 1850.

Selbst vor Erschießungen schreckte man nicht zurück. Eine große Anzahl der an der Revolution Beteiligten sah in der Auswanderung in die USA den letzten Ausweg. Unter ihnen war auch der Bonner Student Carl Schurz, der später in Amerika Staatssekretär wurde.

1 Presse- und Informationszentrum des Deutschen Bundestages (Hrsg.), Fragen an die deutsche Geschichte, Bonn 1977, S. 82.

Der Sieg der Reaktion in Europa (1849)

Zeichnung von F. Schroeder.

Aussagen der Karikatur

Auf der Karikatur sind verschiedene europäische Monarchen dargestellt. Mit unterschied-
lichen Maßnahmen sind sie dabei, liberal und demokratisch eingestellte Bürger zu bekämpfen:

— Bürger werden aus dem Land gefegt und zur Ausreise gezwungen.
— Bürger werden eingesperrt.
— Bürger werden geprügelt und umgebracht.

Die Karikatur verspottet die Reaktion der Monarchen und lehnt sie ab.

Einsatz im Unterricht

Thema: Verlauf und Scheitern der Revolution von 1848

In der Erarbeitungs- bzw. Lösungsphase fördert die Karikatur als Teil des Informationstextes
die Anschaulichkeit, wirkt auflockernd und motivierend.

In der Anwendungs- und Vertiefungsphase verlangt ihre Interpretation vom Schüler den
Transfer zuvor erworbener Kenntnisse. Der Schüler wird angeregt, die Unterrichtsergebnisse
neu zu strukturieren und zu verbalisieren.

2.4.6 »Wat heulst'n kleener Hampelmann?« (1849)

Historischer Hintergrund

Am 18. Mai 1848 konstituierte sich die Nationalversammlung in der Paulskirche zu Frankfurt. Sie stand vor der Aufgabe, eine Verfassung zu erarbeiten und zu verabschieden. Dabei ging es vor allem um folgende Problemfelder:

— Schaffung eines Nationalstaates,
— Ausarbeitung einer freiheitlichen Grundordnung.

Die Abgeordneten gehörten fast ausschließlich dem gebildeten Mittelstand an. Es waren Industrielle, Gutsbesitzer, Richter, Verwaltungsbeamte, Ärzte, Schriftsteller, Professoren und Lehrer, wenige Handwerker und ein einziger Kleinbauer. Die Nationalversammlung war also keineswegs ein Spiegelbild der sozialen Zusammensetzung des deutschen Volkes.
Heinrich von Gagern war ihr Präsident. Er stand vor einer sehr schweren Aufgabe, weil das Fehlen von Parteibildungen und Fraktionen die Entscheidungsfähigkeit des Parlaments erheblich schwächte. Schon bald verfolgte man in Deutschland mit wachsender Ungeduld den schleppenden Fortgang der Arbeiten. Das Parlament wurde als »Debattierklub« verspottet. Erst am 27. Dezember 1848 wurden die Grundrechte verabschiedet; die Reichsverfassung wurde schließlich am 27. März 1849 beschlossen.
Die lange Zeit, die die Frankfurter Nationalversammlung zur Verabschiedung der Verfassung benötigte, ermöglichte es den reaktionären Kräften, sich zu konsolidieren. Als eine Delegation der Nationalversammlung unter Führung ihres Präsidenten Heinrich von Gagern dem preußischen König das Ergebnis der Wahl vom 28. März 1849 überbrachte, lehnte dieser die Kaiserkrone ab. Der König, der in den Revolutionstagen im März 1848 die deutsche Einheit versprochen hatte, weigerte sich jetzt, die Krone von der Revolution anzunehmen. Mit dieser Ablehnung der Kaiserkrone durch Friedrich Wilhelm IV. war das Verfassungswerk der Nationalversammlung gescheitert.

Friedrich Wilhelm IV. empfängt die »Kaiserdeputation« der Nationalversammlung, 2. April 1849.

Bildarchiv Preussischer Kulturbesitz, Berlin.

Wat heulst'n kleener Hampelmann? (1849)

»Wat heulst'n kleener Hampelmann?« — »Ick habe Ihr'n Kleenen 'ne Krone jeschnitzt, nu will er se nich!«

Lithographie von F. Schröder. Westfälisches Landesmuseum für Kunst und Kulturgeschichte, Münster.

Aussagen der Karikatur

In der Mitte steht eine Frau mit Pickelhaube. Sie personifiziert Preußen bzw. Deutschland. Mit der Frage: »Wat heulst'n kleener Hampelmann?« wendet sie sich an einen kleinen weinenden Jungen. Dieser — er soll den Präsidenten der Nationalversammlung Heinrich von Gagern darstellen — beschwert sich indem er sagt: »Ick habe Ihr'n Kleenen 'ne Krone jeschnitzt, nu will er se nich!« Mit dem Kleenen ist König Friedrich Wilhelm IV. gemeint, der als kleiner dicker Junge im Hintergrund des Bildes steht und spöttisch grinst. Rechts neben von Gagern steht die Kaiserkrone. Links im Bildrand ist ein Kartenhaus aufgebaut. Es soll wahrscheinlich das Scheitern des Verfassungswerkes und damit der Revolution von 1848 symbolisieren.

Einsatz im Unterricht

Thema: Das Scheitern der Revolution im Jahr 1849

Alternative Einsatzmöglichkeiten:

— Phase der Erarbeitung bzw. Lösung
   Die Karikatur kann hier als zeitgenössisches Dokument und zur Veranschaulichung als ein Teil des Informationstextes eingesetzt werden.

— Phase der Anwendung und Vertiefung
   In dieser Phase provoziert bzw. motiviert die Karikatur die Schüler, die zuvor erworbenen Informationen und Einsichten anzuwenden und damit zu vertiefen und zu sichern.

2.5 Die industrielle Revolution

2.5.1 Rivalen (1846)

Historischer Hintergrund

Aufgrund hervorragender medizinischer Erfolge war es den Wissenschaftlern und Medizinern gelungen, die Ursachen der verhängnisvollen Seuchen zu entdecken und erfolgreich zu bekämpfen. Dadurch war es möglich, die bisher sehr hohe Sterblichkeitsrate, vor allen Dingen bei Kindern, drastisch zu verringern. Die Folge dieser Leistungen der Ärzte und Wissenschaftler war eine enorme Bevölkerungsexplosion. So stieg allein in Deutschland die Zahl der Einwohner von 1816 bis 1913 von 24 auf 65 Millionen.

Massenweise zogen diese Menschen nun vom Land, auf dem rund 80% der Einwohner wohnten und arbeiteten, in die Städte. Es kam zu einer regelrechten Landflucht. In der Fabrik, so hofften die Menschen, sei Arbeit und somit Lohn zu bekommen, um die Familie zu ernähren. Folglich nahm die Einwohnerzahl in den Großstädten rapide zu. Waren es um 1800 erst 4000 Einwohner in Essen, so waren es um 1900 schon 119000, hauptsächlich Fabrikarbeiter.

Durch diese »Massenflucht« von Menschen, die alle von den Dörfern in die Städte wollten, um Arbeit zu finden, gab es in den Fabrikstädten ein Überangebot an Arbeitern. Sie waren ohnmächtig gegenüber den Fabrikherren, denen die »Produktionsmittel«, die Maschinen und Anlagen gehörten. Unter menschenunwürdigen Bedingungen lebten, ja hausten sie in Elendsvierteln. Überall dort, wo die industrielle Revolution mit ihrer Industrialisierung einsetzte, entstanden rings um die Fabriken Massenquartiere und Notunterkünfte für die Arbeiter. Viele Familien besaßen nur einen Raum, der Koch-, Wohn- und Schlafraum zugleich war. Die Einrichtung war äußerst bescheiden. Ein großer, grob gearbeiteter und stark abgenutzter Tisch, eine Gartenbank mit Lehne als Sofa, eine alte Kommode, drei Betten mit zerrissenen Strohsäcken und zwei alte Holzstühle.

Die Proletarier besaßen nichts als ihre Arbeitskraft. Deshalb mußten sie sich für jeden Lohn verkaufen, den der Unternehmer ihnen bot. Da ein großes Angebot an Arbeitern bestand, arbeiteten viele oft für weniger, als sie für den Lebensunterhalt der Familie brauchten. Infolgedessen mußten Frauen und Kinder mitarbeiten, Geld verdienen. Manche Fabrikherren stellten nur Frauen und Kinder ein, da sie diesen noch weniger Lohn bezahlen konnten. In einer rheinischen Spinnereifabrik arbeiteten 1825 mehr als 100 Kinder. Die Arbeitszeit dauerte im Sommer 14 und im Winter 13 Stunden. »Alle Kinder werden geschlagen, am meisten, wenn sie müde sind. Sonst sind sie nicht wach zu halten«, gestand ein Aufseher, »man schlug, trat oder brannte sie mit glühenden Eisen, obwohl sie um Gnade flehten.«[1] H. Pönicke schreibt: »Bleiche Gesichter, matte und entzündete Augen, aufgeschwollene Leiber, aufgedunsene Backen, geschwollene Lippen ... böse Hautausschläge unterscheiden die Arbeiterkinder von denen, die nicht in der Fabrik arbeiten.«[2]

---

1 Trog, W., Die Nationale und Industrielle Revolution, Frankfurt/M. 1974[5], S. 43.
2 Pönicke, H., Die wirtschaftliche und soziale Entwicklung Europas im 19. Jahrhundert, Paderborn 1970, S. 93.

Löhnung für Kinderarbeit
© Archiv der sozialen Demokratie/FES.

Die erwachsenen Männer waren ähnlich unmenschlichen Bedingungen ausgesetzt. Auch sie hatten Arbeitszeiten von 15, 16, 17 und noch mehr Stunden. Technische Vorrichtungen zum Schutz vor Arbeitsunfällen waren noch unbekannt. »Am häufigsten kommt es vor, daß ein einzelnes Glied von einem Finger abgequetscht wird ... Die gefährlichsten Stellen der Maschinen sind aber die Riemen. Wer von diesen Riemen ergriffen wird, den reißt die treibende Kraft pfeilschnell mit sich herum, schlägt ihn oben gegen die Decke, daß selten ein Knochen am Körper ganz bleibt.«[1]

Da es weder Krankenkassen noch Sozialversicherungen, keine Unfall- und Invalidenversicherungen gab, bedeutete ein solcher »Betriebsunfall« Arbeitslosigkeit, Hunger und Elend. Wer nicht mehr in der Lage war, seine Arbeitskraft zu verkaufen, war dem nackten Elend preisgegeben. Die schlechten Wohnungen, die kärgliche Ernährung, die dauernde körperliche Überanstrengung führten zu Krankheiten, Alkoholsucht, hoher Sterblichkeit und Verwahrlosung der Kinder.

1 Hug, W., Danner, W., Busley, H., Geschichtliche Weltkunde, Band 2, Frankfurt/M., 1975[1], S. 174.

Rivalen (1846)

Ein englischer Arbeiter, Alter 60 Jahre,   Ein englisches Schwein,
Preis: 2,20 Pf.   Preis: 3,30 Pf.

Archiv Gerstenberg, Wietze.

Aussagen der Karikatur

Die Karikatur zeigt, sich als Rivalen gegenüberstehend, einen Arbeiter und ein Schwein. Der Arbeiter stützt sich auf eine Schaufel. Müde, von schwerer Arbeit gezeichnet, schaut er zu dem Schwein hin. Diesem geht es anscheinend gut; es macht einen zufriedenen Eindruck. Es ist so gut genährt, daß der Bauch bis zum Boden hängt. Als Schmuck trägt das Schwein ein Halsband.
Die bildliche Aussage wird verstärkt und verdeutlicht durch den Text: Ein Arbeiter ist weniger wert als ein Schwein.

Einsatz im Unterricht

Thema: Die Not der Arbeiter während der industriellen Revolution

Die Karikatur läßt sich in allen drei wesentlichen Phasen des Unterrichts einsetzen:

— In der Motivationsphase regt sie die Schüler an, Fragen zu stellen sowie die Problemstellung des Themas zu erkennen und zu verbalisieren.

— In der Lösungsphase kann sie als Teil des Informationstextes zur Verlebendigung der gegebenen Fakten beitragen.

— In der Anwendungsphase fordert sie die Schüler auf, die zuvor erarbeiteten Kenntnisse und gewonnenen Einsichten neu zu strukturieren, zu verbalisieren und damit zu vertiefen.

2.5.2   Der Fabrikherr

Historischer Hintergrund

Im Jahr 1776 begründete Adam Smith in seinem Werk »Untersuchungen über die Natur und Ursache des Volkswohlstands« die Lehre vom wirtschaftlichen Liberalismus. Die Theorie von Smith stand völlig im Gegensatz zu der bis dahin praktizierten staatlich absolut gelenkten Wirtschaftsform: Merkantilismus. Die Forderung von Smith hieß: »Laissez faire, laissez passer« (»Laßt sie machen, laßt sie gehen«). Das freie Spiel der Kräfte und nicht der staatliche Eingriff sollte den Gang der Wirtschaft bestimmen. Smith begründete diese neue Wirtschaftsform vor allem mit folgenden Argumenten:

— Das freie Spiel der Kräfte bewirkt, daß jeder Besitzende danach strebt, sein Kapital möglichst vorteilhaft einzusetzen, um hohe Gewinne zu erzielen. Dies führt zwangsläufig zu einer gewaltigen Entfaltung der Wirtschaft und zu großem Wohlstand.

— Dieses wirtschaftliche Verhalten des Kapitalbesitzers führt unabdingbar — auch wenn dieser es nicht beabsichtigt — zum Vorteil der Gesellschaft und liegt deshalb im öffentlichen Interesse.

Im 19. Jahrhundert kam die Lehre von Smith, der wirtschaftliche Liberalismus, voll zur Entfaltung. Tatsächlich bewirkte er zusammen mit den technischen Errungenschaften der industriellen Revolution eine enorme wirtschaftliche Entwicklung. Es zeigte sich jedoch, daß der wirtschaftliche Liberalismus alle Türen öffnete für eine hemmungslose kapitalistische Unternehmerwirtschaft. Bald stiegen die Fabrikherren bzw. Kapitalbesitzer zur maßgeblichen Schicht innerhalb der Gesellschaft auf. Die Arbeiter — ohne Besitz an Produktionsmitteln und sozial ungeschützt — standen ihnen ohnmächtig gegenüber. Ihre Arbeitskraft wurde skrupellos ausgebeutet; furchtbare Not und fast unbeschreibliches Elend waren die Folgen.

Der Fabrikherr

»Ich gönne den Arbeitern alles Gute, aber das Pack soll mir möglichst weit vom Leibe bleiben.«

Aus: Thöny, E., Kokotten, Bauern, Soldaten, Hannover 1957.

Aussagen der Karikatur

Ein Fabrikherr, großgewachsen und elegant gekleidet (im weltmännisch-englischen Stil), steht in seinem Park vor dem Gewächshaus und der Villa. Er äußert sich zur sozialen Frage: »Ich gönne den Arbeitern alles Gute, aber das Pack soll mir möglichst weit vom Leibe bleiben.«
Die Karikatur wendet sich gegen die allmächtige Position des Fabrikherren und die Ausbeutung und Mißachtung der arbeitenden Menschen.

Einsatz im Unterricht

Thema: Die Folgen der industriellen Revolution

Alternative Einsatzmöglichkeiten:

In der Lösungsphase kann die Karikatur als zeitgenössisches Dokument die Aussagen veranschaulichen und den Unterricht verlebendigen. Es besteht sowohl die Möglichkeit, sie als Teil des Informationspapiers einzusetzen oder bei der Besprechung der erarbeiteten Fakten als zusätzliches und eigenständiges Medium einzubringen.

In der Anwendungsphase motiviert sie, Teilbereiche der zuvor erworbenen Kenntnisse neu zu strukturieren und vertiefend zu verbalisieren.

2.6 Das Deutsche Reich (1871—1918)

2.6.1 Der eiserne Junggeselle (1870)

Historischer Hintergrund

Am 1. September 1870 wurde Sedan erobert und Kaiser Napoleon III. gefangengenommen. Frankreich war besiegt.

Bismarck befand sich im Hauptquartier der deutschen Truppen in Versailles. Seine Frau hielt sich nicht in Versailles auf.

Bismarck nutzte die Woge der Begeisterung nach dem Sieg zu intensiven Verhandlungen mit den Fürsten. Er war entschlossen, jetzt die deutsche Einheit zu vollziehen und die Reichsgründung durchzusetzen.

Am 15. November 1870 traten Baden und Hessen dem Norddeutschen Bund bei. Am 23. November folgte Bayern, am 25. November Württemberg. Damit war das Deutsche Reich vollendet. Die Kaiserproklamation am 18. Januar 1871 im Schloß zu Versailles vollzog die Gründung des Reiches.

Die Kaiserproklamation in Versailles am 18. Januar 1871, Stich nach Anton von Werner.

Bildarchiv Preussischer Kulturbesitz, Berlin.

Der eiserne Junggeselle (1870)

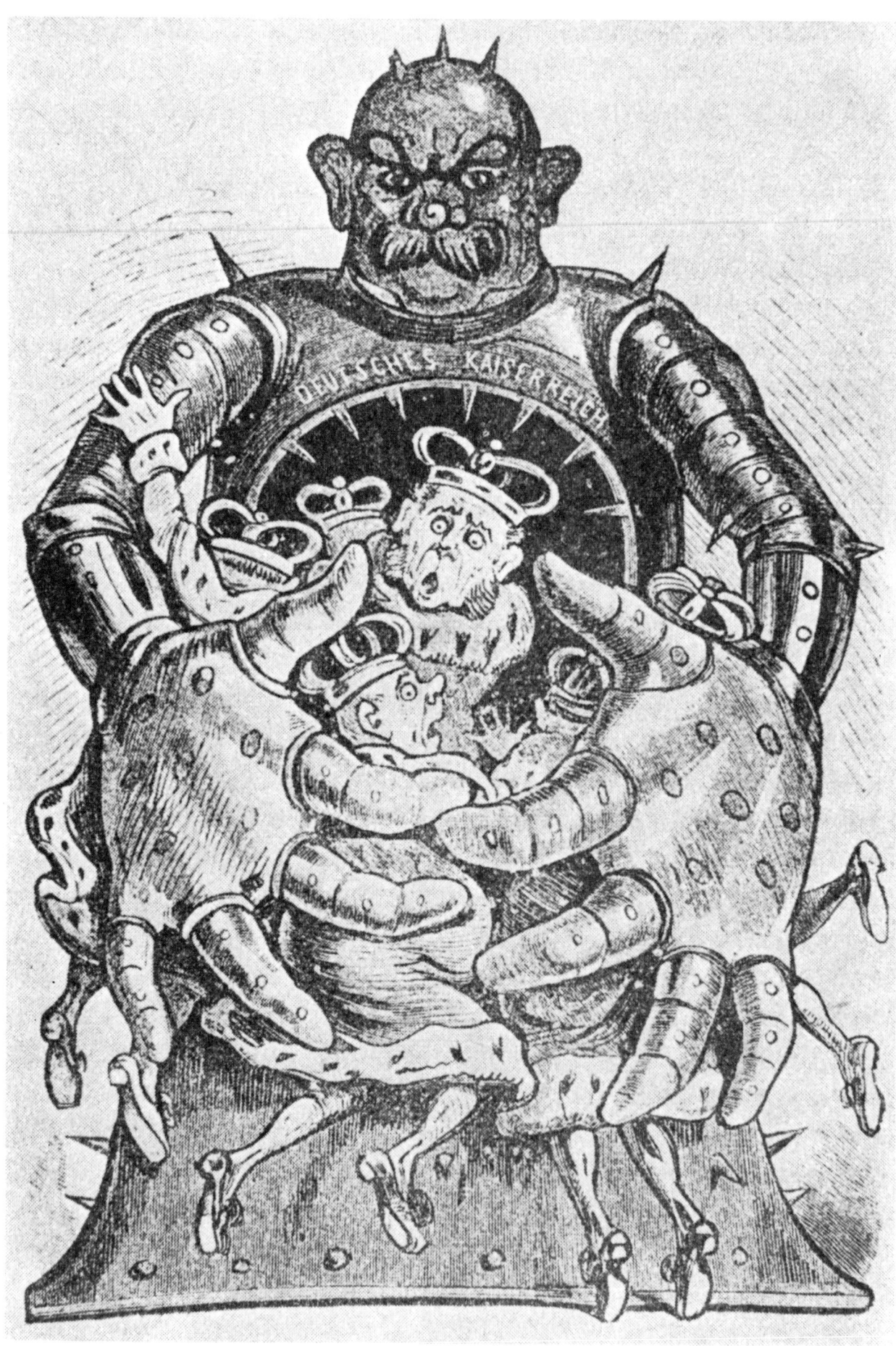

Aus: Berg's »Kikeriki«, 21. November 1870.

Aussagen der Karikatur

Die Karikatur trägt die Überschrift »Der eiserne Junggeselle«, weil Bismarcks Frau während der Zeit der Verhandlungen in Versailles nicht anwesend war.

Der mächtige Bismarck packt die Fürsten mit eiserner Gewalt und zieht sie in das deutsche Kaiserreich. Die Fürsten machen einen erschrockenen und verängstigten Eindruck. Sie können sich der Umklammerung nicht erwehren.

Einsatz im Unterricht

Thema: Die deutsche Reichsgründung

Alternative Möglichkeiten des Einsatzes:

— In der Motivationsphase:
Die Schüler versuchen, die Karikatur zu interpretieren.
Sie stellen Vermutungen an und werfen Fragen auf. Aus der Vielzahl der Fragestellungen kann als zentrale Problemstellung herausgearbeitet werden: Wie gelang es Bismarck, die Fürsten im Deutschen Reich zu vereinen?

— In der Anwendungs- und Vertiefungsphase bilden mögliche Besprechungspunkte:
Vertiefung und Verdeutlichung von Einzelaspekten der Thematik,
Zusammenwirken verschiedener Faktoren bei der Reichsgründung (Sieg über Österreich und Frankreich; Person Bismarcks),
Gegenüberstellung der Ideale von 1848 und der Auffassung Bismarcks 1871.

Bemerkung:

Die Überschrift »Der eiserne Junggeselle« ist für die Schüler keine Erschließungshilfe. Im Gegenteil, sie erfordert eine für die Erfassung der historischen Gegebenheiten unwesentliche Zusatzinformation. Deshalb sind wir der Auffassung, daß die Karikatur für den Einsatz im Unterricht die Überschrift »Bismarck und die Fürsten« erhalten sollte.

2.6.2 Mechanische Novelle zu den Kirchengesetzen (1873)

Historischer Hintergrund

Im Deutschen Reich waren die Katholiken in der Minderheit. An führender Stelle wirkten die Protestanten, die zum Teil als »aufgeklärte Liberale« die katholische Kirche als eine überholte Einrichtung betrachteten. Bismarck mißfiel vor allem die Gründung des Zentrums als einer katholischen Partei. Er bezeichnete das Zentrum als »eine der ungeheuerlichsten Erscheinungen auf dem politischen Gebiet«. Die Gegnerschaft Bismarcks gegenüber dem Zentrum und dessen Anhänger war vor allem dadurch begründet, weil viele Katholiken treu zum Papst hielten und nicht bereit waren, dem Kaiser und dessen Regierung kritiklos Gefolgschaft zu leisten. Erschwerend kam hinzu, daß im Jahr 1870 auf dem I. Vatikanischen Konzil in Rom das Dogma von der Unfehlbarkeit des Papstes verkündet worden war. Zwischen 1871 und 1876 kam es zum offenen Kampf zwischen dem Staat und der katholischen Kirche. In dieser Zeit wurden folgende Gesetze erlassen:

Kanzelparagraph:

Geistliche wurden mit Gefängnis bedroht, die in ihrer Predigt »Angelegenheiten des Staates in einer den öffentlichen Frieden gefährdenden Weise« erörterten.

Schulaufsichtsgesetz:

Die staatliche Schulaufsicht (durch Schulräte) trat an die Stelle der bisherigen geistlichen Schulaufsicht (durch Priester).

Jesuitengesetz:

Der Jesuitenorden wurde in Deutschland verboten.

Zivilehe:

Die Ehe auf dem Standesamt wurde rechtsgültig, die kirchliche Trauung mußte nach der standesamtlichen (zivilen) erfolgen.

Mechanische Novelle zu den Kirchengesetzen (1873)

Aus: Kladderadatsch, um 1873.

Aussagen der Karikatur

Zeichnung und Texte beziehen sich auf den sogenannten Kanzelparagraphen des deutschen Strafgesetzes vom 8. November 1871. Der Staat läßt durch seine Polizei die Priester bei ihrer Verkündigung beobachten. Er greift ein, sobald der Priester zu politischen Fragen Stellung nimmt.

Einsatz im Unterricht

Thema: Der Kulturkampf

Die Karikatur eignet sich besonders als erneute Motivation am Ende der Behandlung dieser Thematik. Sie regt die Schüler an bzw. fordert sie auf, die hier angesprochene gesetzliche Maßnahme vertiefend zu erläutern und bewertend zu diskutieren.

2.6.3 Keeping it down! (Niederhalten!) (1878)
2.6.4 Ostereier (1884)

Historischer Hintergrund

Im Jahr 1875 schlossen sich der »Allgemeine Deutsche Arbeiterverein« und die »Sozialdemo-kratische Arbeiterpartei« zur »Sozialistischen Arbeiterpartei Deutschlands« zusammen. Bereits 1877 gelang es den Sozialdemokraten, 12 Abgeordnete in den Reichstag zu schicken. Bismarck verfolgte das Anwachsen der Arbeiterpartei mit großem Mißtrauen. Für ihn waren die Sozialdemokraten Feinde des Reiches. »Ich habe in den sozialdemokratischen Elementen einen Feind erkannt, gegen den der Staat, die Gesellschaft, sich im Stande der Notwehr befindet... Im übrigen kann ich versichern, daß ich nie in meinem Leben mit irgendeinem Sozialdemokraten geschäftlich verhandelt habe...«[1]

Am 2. Juni 1878 verübte der Anarchist Dr. Karl Nobling ein Attentat auf Kaiser Wilhelm I. Obwohl die Sozialdemokraten mit dieser Tat nichts zu tun hatten, schob er ihnen die Schuld dafür zu. Es gelang ihm, daß der Reichstag am 21. Oktober 1878 das »Gesetz gegen die gemeingefährlichen Bestrebungen der Sozialdemokratie« mit großer Mehrheit verabschiedete.

Auszug aus dem Gesetzesblatt:

(Nr. 1271.) Gesetz gegen die gemeingefährlichen Bestrebungen der Sozialdemokratie. Vom 21. Oktober 1878,

Wir Wilhelm, von Gottes Gnaden Deutscher Kaiser, König von Preußen 2c.

verordnen im Namen des Reichs, nach erfolgter Zustimmung des Bundesraths und des Reichstags, was folgt:

§. 1.

Vereine, welche durch sozialdemokratische, sozialistische oder kommunistische Bestrebungen den Umsturz der bestehenden Staats- oder Gesellschaftsordnung bezwecken, sind zu verbieten

Dasselbe gilt von Vereinen, in welchen sozialdemokratische, sozialistische oder kommunistische auf den Umsturz der bestehenden Staats- oder Gesellschafts-ordnung gerichtete Bestrebungen in einer den öffentlichen Frieden, insbesondere die Eintracht der Bevölkerungsklassen gefährdenden Weise zu Tage treten.

§. 9.

Versammlungen, in denen sozialdemokratische, sozialistische oder kommunistische auf den Umsturz der bestehenden Staats- oder Gesellschaftsordnung gerichtete Bestrebungen zu Tage treten, sind aufzulösen.

Versammlungen, von denen durch Thatsachen die Annahme gerechtfertigt ist, daß sie zur Förderung der im ersten Absatze bezeichneten Bestrebungen bestimmt sind, sind zu verbieten.

§. 11.

Druckschriften, in welchen sozialdemokratische, sozialistische oder kommunistische auf den Umsturz der bestehenden Staats- oder Gesellschaftsordnung gerichtete Bestrebungen in einer den öffentlichen Frieden, insbesondere die Eintracht der Bevölkerungsklassen gefährdenden Weise zu Tage treten, sind zu verbieten.

§ 30.

Dieses Gesetz tritt mit dem Tage der Verkündigung in Kraft und gilt bis zum 31. März 1881.

Der Erfolg des Gesetzes blieb jedoch aus. Die Sozialdemokratie konnte sogar Stimmen gewinnen. Als das Sozialistengesetz 1890 aufgehoben wurde, besaß die Sozialdemokratie fast 20% der Wählerstimmen.

1 Binder, G., Geschichte im Zeitalter der Weltkriege, Band I, Stuttgart 1977, S. 64.

Keeping it down! (Niederhalten!) (1878)

Holzschnitt von E. Sambourne. Westfälisches Landesmuseum für Kunst und Kulturgeschichte, Münster.

Aussagen der Karikatur

Keeping it down! (Niederhalten!)

Bismarck trägt die volle Montur eines preußischen Offiziers. Er versucht, einen grimmigen Springteufel, der die Sozialisten darstellen soll, in einen Kasten zu drücken. Auf dem Kasten steht: »Sozialist Jack in the box.« Der Sozialist wehrt sich jedoch erfolgreich gegen das Vorhaben Bismarcks.

Ostereier (1884)

Ostereier.

Für die Commission zur Berathung des Socialisten-Gesetzes.

Hier, meine Herren, die Auswahl ist diesmal nicht groß! Für eins von beiden müssen Sie sich entscheiden!

Aus: Kladderadatsch, 1884.

Aussagen der Karikatur

Ostereier

Bismarck hält in jeder Hand ein dickes Osterei. Auf dem einen steht »Sozialistengesetz«, auf dem anderen »Auflösung«. Einige Männer blicken gespannt und mit ernstem Gesicht auf die beiden Ostereier. Auf einem Tisch im Hintergrund befinden sich zwei Körbe, die beide mit Eiern gefüllt sind. Das Schild des linken Korbes trägt die Aufschrift »Entweder«, das Schild des rechten Korbes die Aufschrift »Oder«.

Die Aussage der Karikatur wird durch den Text verdeutlicht: »Hier, meine Herren, die Auswahl ist diesmal nicht groß! Für eins von beiden müssen Sie sich entscheiden!«

Die Karikatur ist im Jahr 1884 erschienen und bezieht sich auf die zu diesem Zeitpunkt erfolgte Verlängerung des Sozialistengesetzes.

Einsatz im Unterricht

Themen: Bismarcks Innenpolitik
Der Kampf Bismarcks gegen die Sozialdemokratie

Alternative Einsatzmöglichkeiten:

— In der Lösungsphase
Die Karikaturen kommen hier als Teil des Informationspapiers zum Einsatz.

— In der Anwendungs- und Vertiefungsphase
In der Erprobung erwies sich der Einsatz in dieser Phase des Unterrichts als am ergebnisreichsten. Die Interpretation der Karikaturen verlangt von den Schülern die Anwendung der zuvor erworbenen Kenntnisse.
Es erfolgt eine Veranschaulichung, Vertiefung und Sicherung.

2.6.5 Bismarck als Weichensteller (1878)

Historischer Hintergrund

Nachdem die Reichsgründung im Jahr 1871 vollzogen war, wollte Bismarck unbedingt vermeiden, daß Deutschland in weitere Kriege hineingezogen werde. Seiner Auffassung nach konnte Deutschland aufgrund seiner Mittellage und den politischen Verhältnissen in Europa nicht mehr gewinnen. Durch Bündnissysteme gelang es ihm, eine Isolierung bzw. ein Ungleichgewicht auf Kosten Deutschlands zu verhindern. Im Dreikaiserabkommen von 1873 erklärten der Kaiser von Österreich, der Zar von Rußland und der deutsche Kaiser ihre Absicht, den in Europa herrschenden Friedenszustand zu festigen und sich im Falle einer Krise zu verständigen.

Schon im Jahr 1877 hielt dieses Abkommen nicht mehr. In Europa drohte Krieg. Russische Armeen marschierten in die Türkei ein. England wollte eine solche Machterweiterung Rußlands auf jeden Fall verhindern; es sah seinen Seeweg nach Indien bedroht. Aber auch Österreich wandte sich gegen das russische Vordringen. Da lud Bismarck die Großen des damaligen Europas zu einem Friedenskongreß nach Berlin ein, der im Juni 1878 zusammentrat. Es gelang dem Kanzler, den Konflikt zu entschärfen und damit den Frieden zu bewahren. Dieser »Berliner Kongreß« gehört zu den größten Leistungen Bismarcks.

»Bismarck als Weichensteller« (1878)

Aus: Punch, 1878.

Aussagen der Karikatur

Die Karikatur bezieht sich auf die Mittlerrolle Bismarcks beim Berliner Kongreß im Jahr 1878. Die rechte Lokomotive ist durch den »Union Jack«, die Flagge Englands, gekennzeichnet, die linke trägt vorne den Doppeladler des zaristischen Rußlands. Bismarck ist als Weichensteller dargestellt. Er sorgt dafür, daß die beiden Lokomotiven nicht zusammenprallen.

Einsatzmöglichkeiten

Thema: Außenpolitik Bismarcks nach 1871

Die Karikatur eignet sich besonders als Anstoß bzw. Motivation zur Vertiefung und Sicherung folgender Aspekte der Thematik:

— Bismarcks außenpolitische Ziele,
— Bismarck als Makler und Friedensstifter bei dem Berliner Kongreß.

2.6.6 Der Lotse geht von Bord (1890)

Historischer Hintergrund

Am 9. März 1888 starb Kaiser Wilhelm I. Nachfolger wurde sein Sohn Friedrich III. Dieser regierte jedoch nur 99 Tage, bis er an Kehlkopfkrebs starb. Dadurch fiel in der deutschen Führung eine ganze Generation aus. Der Enkel Wilhelms I. und Sohn Friedrichs III. wurde noch im gleichen Jahr deutscher Kaiser.

Wilhelm II. Gemälde von Max Koner, 1890.
Bildarchiv Preussischer Kulturbesitz, Berlin.

Schon bald kam es zwischen dem jungen Kaiser und dem alten Kanzler zu erheblichen Spannungen. Der Kaiser, sehr von sich überzeugt und voller hochtrabender Vorhaben, wollte sich nicht von Bismarck bevormunden lassen. Sein Ziel war es, allein die anstehenden politischen Fragen zu entscheiden. Neben persönliche Differenzen traten sachliche. So wollte Bismarck die Sozialistengesetze beibehalten und verschärfen, während Wilhelm II. ein Entgegenkommen befürwortete. Am 20. März 1890 trat Bismarck als Reichskanzler und preußischer Ministerpräsident zurück.

Der Lotse geht von Bord (Dropping the Pilot) (1890)

Karikatur des englischen »Punch« aus dem Jahr 1890, aus: Zentner, Chr.: Zentners Illustrierte Weltgeschichte, Südwest-Verlag, München 1972, S. 41.

Aussagen der Karikatur

Bismarck verläßt das Staatsschiff. Er ist ein alter Mann, der sich mit beiden Händen stützt. Seine Person strahlt Ruhe, Gelassenheit, Zuverlässigkeit und Weitblick aus. Ordensgeschmückt, lässig und von sich selbst überzeugt, vielleicht etwas überheblich, blickt ihm der jugendliche Kaiser über die Reling nach.
Die Karikatur will zum Ausdruck bringen, daß es Bismarck vor allem durch seine kluge Bündnispolitik gelungen ist, die Gefahr des Krieges für das Deutsche Reich abzuwenden.

Einsatz im Unterricht

Thema: Die Außenpolitik Bismarcks

Am Ende dieser Stunde informiert der Lehrer die Schüler über die Entlassung Bismarcks (1888 im Dreikaiserjahr). Anschließend fordert er die Schüler auf, die Karikatur zu interpretieren. Die Schüler analysieren die Aussagen der Karikatur und äußern sich vertiefend zu der Bündnispolitik Bismarcks.

Thema: Die Bündnispolitik Wilhelms II.

Alternativ dazu ist es auch möglich, die Karikatur als Einstieg bzw. Motivation bei dieser Thematik einzusetzen. In einer kurzen Erzählung informiert der Lehrer die Schüler über die Entlassung Bismarcks und setzt dann die Karikatur ein. Über die direkte Beschreibung der Karikatur hinaus sind die Schüler aufgefordert, die Ergebnisse der vorausgegangenen Stunde wiederholend darzustellen. Die Analyse der Karikatur ermöglicht darüber hinaus das Aufwerfen der neuen Problemstellung bzw. das Erkennen und Verbalisieren der anstehenden Thematik.

Historischer Hintergrund

Im Deutschen Reich (1871—1918) bestand die Gesellschaft aus streng voneinander abgeschiedenen Kasten, die nur wenig gemeinsam hatten. Es handelte sich um eine echte Klassengesellschaft. Die Unterschiede zwischen den Menschen waren sehr groß.
Ganz unten waren die ungelernten Arbeiter eingestuft, deren Zahl ständig wuchs. Schon etwas höheres Ansehen hatten die Bauern und die Handwerker. Mit ihnen verbunden war das sogenannte Kleinbürgertum, das nach oben strebte. Es waren die kleineren und mittleren Selbständigen sowie die niederen Beamten. Zum Bürgertum gehörten die vermögenden und »gebildeten« Leute: Geheimräte und höhere Beamte, Fabrikbesitzer, prominente Wissenschaftler und Künstler, angesehene Ärzte und Bankiers. Die reichsten und mächtigsten dieser Schicht zählte man zum Großbürgertum, vor allem die Besitzer der neu entstandenen großen Industrien sind hier zu nennen. Eine Sonderstellung nahmen die kirchlichen Würdenträger, die Adligen und die Offiziere ein.«

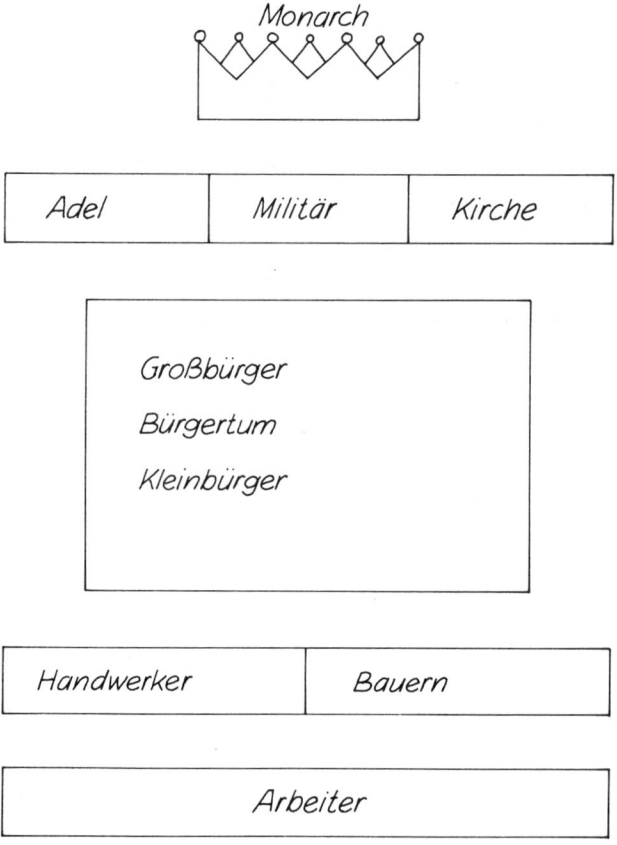

An der Spitze der sozialen Stufenleiter stand der Offizier. Er genoß in fast allen Bevölkerungskreisen eine fast göttliche Verehrung. Der »Uniform« kam jeder entgegen, machte jeder Platz. Aus der Sicht des Militärs waren die »Bürgerlichen« Menschen zweiter Ordnung. Einem Bürgerlichen gab man seine Tochter nicht zur Frau. Es war nahezu undenkbar, daß sich ein Leutnant bei irgendeinem jungen Mädchen einen Korb holen konnte. Es galt: »Die Armee ist die Schule der Nation.«

Logik nach »einem« Kriegsminister (1904)

Logik nach „Einem" Kriegsminister.

Der Kriegsminister sagte im Reichstage: »Die Offiziere sind die Führer der Nation, sie erziehen sie.« Folglich sind wohl alle berühmten Männer durch Offiziere erzogen worden.

Aus: Dorfbarbier, 1904.

Aussagen der Karikatur

Logik nach »einem« Kriegsminister

Hinter einem Offizier marschieren berühmte Männer in Reih und Glied. Sie werden von dem Offizier befehligt. Dieses Bild verdeutlicht den Satz: »Die Offiziere sind die Erzieher der Nation.«

Antreten (1904)

».. . und dann müßt ihr bedenken, als Zivilisten seid ihr hergekommen und als Menschen geht ihr fort!«

Olaf Gulbransson, 1904.

Aussagen der Karikatur

Antreten

Auf einem Kasernenhof ist eine Schar von Zivilisten angetreten. Vor ihnen steht ein Offizier, der zu den Männern sagt: ».. . und dann müßt ihr bedenken, als Zivilisten seid ihr herge-kommen und als Menschen geht ihr fort!«

Die militärische Rangordnung (1910)

»Na, Huber, wo kommst du her?« — »Ich habe gespeist, Herr Hauptmann.« — »Kerl, was quatschst du da? Majestät speist, ich esse und du frißt, verstanden?«

Aussagen der Karikatur

Die militärische Rangordnung

Ein Offizier und ein einfacher Soldat stehen sich gegenüber. Das Gespräch zwischen beiden ist eine satirische und ablehnende Stellungnahme zu der militärischen Rangordnung der damaligen Zeit.

Einsatz im Unterricht

Thema: Die gesellschaftlichen Verhältnisse im Deutschen Reich

Alternative Einsatzmöglichkeiten:

In den Erprobungen hat sich gezeigt, daß diese Karikaturen in allen Phasen des Unterrichts erfolgreich eingesetzt werden können.

In der Motivationsphase fördern sie die Fragehaltung und die Zielorientierung der Stunde. Bei der Erarbeitung dienen sie der Veranschaulichung und verbessern die Ergebnissicherung.

In der Anwendungsphase wirken sie als neue Motivierung. Sie fordern die Schüler auf, die Unterrichtsergebnisse zusammenzufassen und zu verbalisieren.

2.6.10 Zoologisch-anschauliche, kurze, faßliche Regeln für die Einteilung der preußischen Landtagswähler (1910)

Historischer Hintergrund

Das Dreiklassenwahlrecht wurde 1849 in Preußen eingeführt und 1850 in die Verfassung aufgenommen. Es handelte sich um ein indirektes bzw. mittelbares Wahlverfahren. Die Wahlberechtigten gaben ihre Stimme zunächst den Wahlmännern; diese dann den Abgeordneten. Die Wahlberechtigten einer jeden Gemeinde wurden in drei Abteilungen aufgeteilt. Auf jede Gruppe entfiel ein Drittel des gesamten Steueraufkommens. Jeder der drei Abteilungen stand dieselbe Anzahl von Wahlmännern zu. Daraus ergab sich, daß wenige Höchstbesteuerte genausoviel Wahlmänner wählten wie die größere Zahl der mittleren Einkommensschicht und die Masse der Besitzlosen. Im Durchschnitt gehörten in dem Wahlbezirk einer Gemeinde 10 Wähler der ersten, 37 der zweiten und 207 der dritten Gruppe an. Der Erfolgswert von 10 wohlhabenden Wahlberechtigten entsprach also genau dem von 207 gering besteuerten Bürgern.

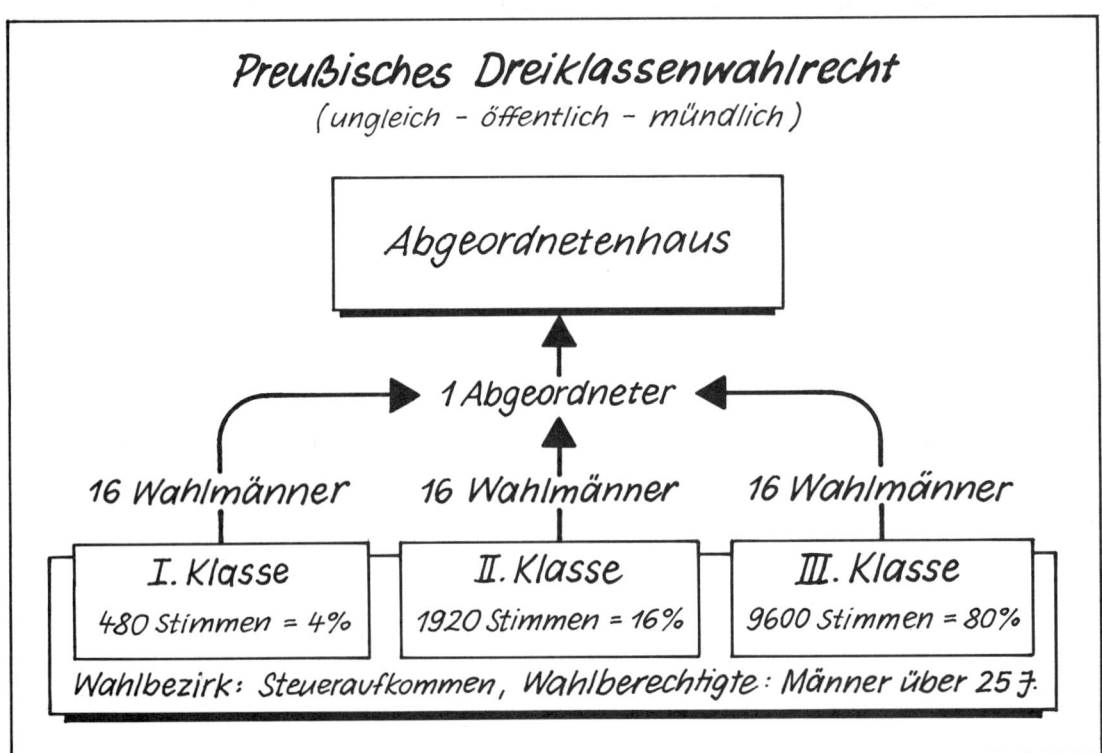

Obwohl aufgrund der Verfassung von 1871 der Reichstag nach dem allgemeinen, gleichen, direkten und geheimen Wahlrecht gewählt wurde, blieb das Dreiklassenwahlrecht für den preußischen Landtag weiterhin in Kraft. Das führte im Deutschen Reich wiederholt zu Verfassungskonflikten. Auch die Reformversuche des Reichskanzlers Bethmann Hollweg scheiterten am Widerstand der Konservativen. Während des Ersten Weltkriegs brach der Konflikt offen aus. Erst im Oktober 1918 wurde auch in Preußen das gleiche Wahlrecht gesetzlich verankert.

Zoologifch-anfchauliche, kurze, faßliche Regeln für die Einteilung der preußifchen Landtagswähler

(1910)

Der Asinus — das ist gemein —
Wird stets in dritter Klasse sein.
Weil seine Bildung nun einmal
Ihn stellt zum Viehstandperfonal.

Der Mulus, der schon höher steht,
Zur zweiten Klasse wählen geht,
Dieweil sein hoher Intellekt
Ihm Achtung schafft und auch Respekt.

Und wird er einst ein „großes Pferd".
Ist er der ersten Klasse wert.
So steigert Bethmann im Prinzip
Die Viehzucht und den Bildungstrieb.

M. B.

Asinus = Esel, Mulus = Maulesel

Aus: Kladderadatsch, 1910.

Aussagen der Karikatur

Der Karikaturist greift das preußische Dreiklassenwahlrecht an und verspottet es, indem er die drei Klassen als Tiere darstellt. Der Esel symbolisiert die dritte, der Maulesel die zweite und das Pferd die erste Klasse.

Einsatz im Unterricht

Thema: Die Verfassung des Deutschen Reiches

Die Kenntnis des preußischen Dreiklassenwahlrechts ist für unsere Schüler bildungsrelevant, weil sie den Zugang zu dem Wahlgrundsatz »gleich« und dessen Verständnis fördert.
Der Einsatz der Karikatur ist sowohl als Motivation als auch in der Anwendungs- und Sicherungsphase möglich:

— Innerhalb der Motivationsphase regt sie zur Fragestellung an und fördert die Zielorientierung.

— In der abschließenden Phase fordert sie auf, die erarbeiteten Kenntnisse neustrukturiert anzuwenden bzw. zu verbalisieren.

Darüber hinaus bietet sich der Einsatz der Karikatur im Rahmen eines Verfassungsvergleichs »Verfassung des Deutschen Reiches — Weimarer Verfassung — Grundgesetz« an.

2.6.11 Partizipation (1880)
2.6.12 Der Erdball in den Krallen Großbritanniens (1900)

Historischer Hintergrund

Mit Imperialismus bezeichnet man das Bemühen von Staaten, sich neue Herrschaftsgebiete anzueignen. Die Anfänge des Imperialismus liegen bereits im Zeitalter der Entdeckungen und Eroberungen zwischen 1492 und 1763. Der Höhepunkt des Imperialismus fällt dagegen in den Zeitraum zwischen 1882 und 1919. Die europäischen Länder befanden sich in einem ausgesprochenen Wettlauf um die bis dahin noch nicht kolonialisierten Gebiete in Übersee.
Am Beispiel Englands wird die Politik eines imperialistischen Staates besonders deutlich. Zunächst wurden die späteren Kolonien von weißen Siedlern erschlossen und von Handelsgesellschaften wirtschaftlich ausgebeutet. In dieser Anfangsphase ließ der englische Staat den Siedlern und Händlern weitgehend freie Hand. Dies änderte sich nach 1870. Jetzt wurden viele Gebiete in aller Welt, die bisher nur locker mit England verbunden waren, zum Kolonialbesitz Großbritanniens und daher der Regierung in London unterstellt.

Die Auswirkungen des Imperialismus in den Kolonien beschreibt der erste Ministerpräsident des 1949 unabhängig gewordenen Indiens, Nehru: »Die indische Textilindustrie war so hoch entwickelt, daß sogar die aufstrebende englische Maschinenindustrie nicht damit konkurrieren konnte und durch einen Zoll von annähernd 80 % geschützt werden mußte. Zu Beginn des 19. Jahrhunderts wurden indische Seiden- und Baumwollstoffe auf dem britischen Markt zu einem weit niedrigeren Preis verkauft als die in England hergestellten Waren. Natürlich mußte das aufhören, als England, die in Indien herrschende Macht, die indische Industrie rücksichtslos niederzuknüppeln begann. Die Textilindustrie Indiens war die erste, die unter diesem Schlag zusammenbrach. Mit dem Fortschreiten der Maschinenindustrie in England folgten andere indische Gewerbezweige dem Beispiel der Textilmanufaktur ... Der indische Schiffsbau ging ein, die Metallarbeiter kamen nicht vorwärts, und auch die Herstellung von Glas und Papier brach zusammen. Zuerst erreichten die ausländischen Waren die Hafenstädte und deren unmittelbare Umgebung. Mit dem Bau von Straßen und Eisenbahnlinien drangen die ausländischen Produkte immer weiter ins Land ein und vertrieben sogar das Handwerk aus dem Dorf ...«

Vor dem Ersten Weltkrieg hatten die europäischen Staaten etwa 85 % der Erdoberfläche unter ihrer Herrschaft.

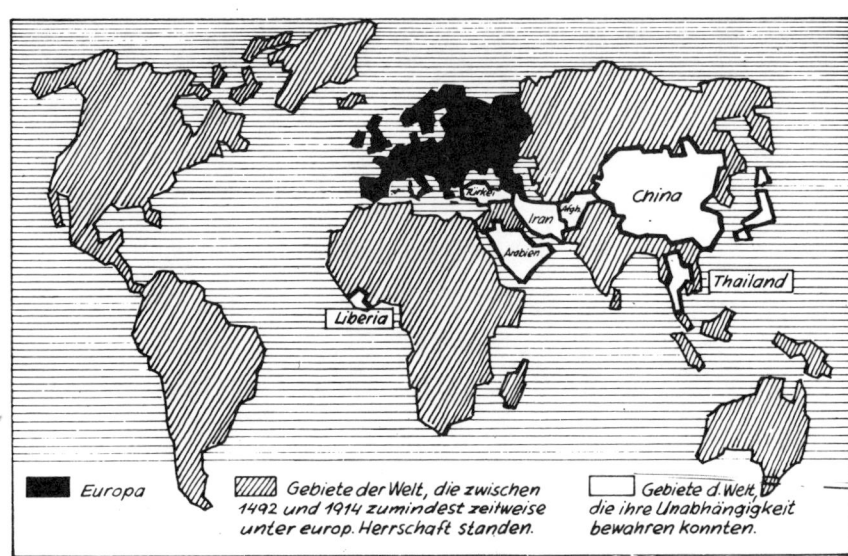

Die Karte gibt einen Überblick über die durch den Imperialismus bewirkte Europäisierung der Welt.

Die Antriebskräfte für den Imperialismus waren vielfältig. Wirtschaftliche Motive standen im Vordergrund: Steigerung der Produktion und des Welthandels, Suche nach Rohstoffquellen und Absatzmärkten. Daneben spielten nationalistische Beweggründe eine große Rolle. Kolonialbesitz bedeutete Macht und Prestige. Schließlich waren es auch die Überzeugung von der Überlegenheit der weißen Rasse sowie der christliche Missionierungsgedanke.

Der Imperialismus vor dem Ersten Weltkrieg war vor allem dadurch geprägt, daß zwischen den europäischen Mächten ein Konkurrenzkampf um »Kolonien« entstand. Die Spannungen zwischen den Staaten wurden dadurch erheblich verstärkt.

Partizipation (1880)

»Der gierige Junge« (»The greedy Boy«).

Archiv für Kunst und Geschichte, Berlin.

Aussagen der Karikatur

Partizipation

Auf einem Tisch befindet sich ein großer Teller, auf dem die Weltkugel als Kuchen steht.
Rechts neben dem Tisch sitzt Bismarck auf einem Hocker. In der linken Hand hält er einen
Teller, auf dem bereits ein Stück des Kuchens liegt. Bismarck ist gerade dabei, mit der rechten
Hand ein weiteres Stück aus der Erdkugel zu schneiden. Ihm gegenüber sitzt ein Engländer,
auf dessen Schoß ein leerer Teller liegt. In den Händen hält er Messer und Gabel. Voller Ent-
setzen beobachtet er das Vorgehen bzw. die Aktivität Bismarcks.
Die englische Karikatur will aussagen, daß der Anspruch des Deutschen Reiches als Kolonial-
macht bei den europäischen Mächten, besonders aber bei England, Angst, Unruhe und
Widerstand hervorruft.

Der Erdball in den Krallen Großbritanniens (1900)

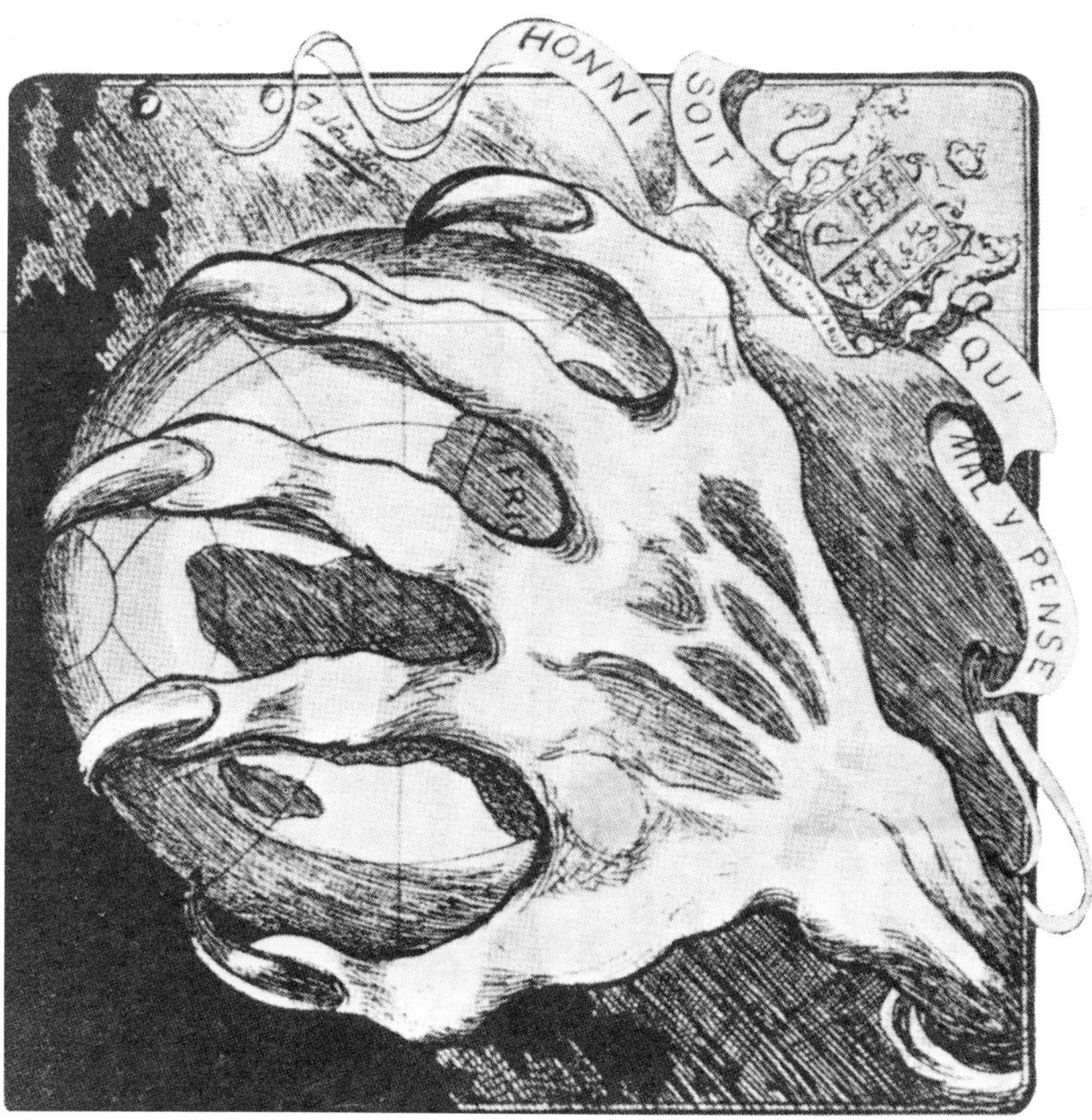

Französische Karikatur (um 1900).

Aus: Zeiten und Menschen, Band 3, Ferdinand Schöningh, Paderborn 1977, S. 204.

Aussagen der Karikatur

Der Erdball in den Krallen Großbritanniens

Der Anspruch Englands auf Vormachtstellung in der Welt wird symbolisiert durch eine widerliche, brutale Klaue, die den Erdball umklammert. Dazu heißt es im Text: »Geehrt sei, wer schlecht darüber denkt.«
Die französische Karikatur wendet sich gegen den englischen Imperialismus. Sie will zum Ausdruck bringen: Wer diese Politik ablehnt, ist auf dem richtigen Weg.

Einsätze im Unterricht

Themen: Ursachen und Auswirkungen des Imperialismus
Vorgeschichte des Ersten Weltkrieges

Im Verbund bringen beide Karikaturen zum Ausdruck, daß der Imperialismus Spannungen zwischen den europäischen Staaten verursacht bzw. verstärkt. Es ist deshalb zu empfehlen, beide Karikaturen zusammen einzusetzen.

In den genannten Themen kann der Einsatz alternativ in der Lösungs- oder in der Anwendungsphase erfolgen.

Der Einsatz in der Lösungsphase ermöglicht es den Schülern, ohne weitere Lernhilfen die angestrebte Erkenntnis zu erarbeiten.

In der Anwendungsphase fordert die Auseinandersetzung mit den Karikaturen die Schüler auf, die zuvor gewonnenen Erkenntnisse neu strukturiert zu verbalisieren.

2.7 Der Erste Weltkrieg (1914—1918)

2.7.1 Deutschland und England (1912)

Historischer Hintergrund

Der Ausbau der Kriegsflotte war ein Lieblingsprojekt von Kaiser Wilhelm II. In der Zeit zwischen 1898 und 1912 legte Staatssekretär Admiral von Tirpitz eine Reihe von Flottengesetzen vor, die vor allem vom Kaiser stark unterstützt wurden. Admiral von Tirpitz begründete die Flottenaufrüstung damit, daß England im Kriegsfall wegen des zu großen Risikos neutral bleibe. Darüber hinaus hoffte er, Großbritannien aufgrund der Stärke Deutschlands sogar als Bündnispartner gewinnen zu können.

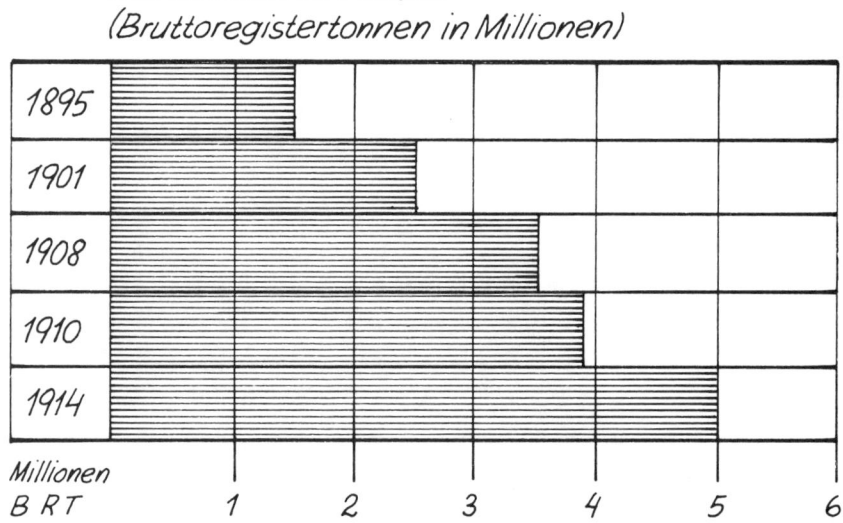

Die wachsende Zahl der deutschen Kriegsflotte verstärkte bei den Engländern den Eindruck, Deutschland erstrebe die Herrschaft über den ganzen Kontinent. Großbritannien baute seine Schlachtflotte weiter aus und ließ sich von Deutschland nicht einholen. Versuche Englands, mit dem Deutschen Reich über die gegenseitige Flottenstärke Vereinbarungen zu treffen, wies der Kaiser jedes Mal zurück. Selbst als der englische Premier Chamberlain warnte, England werde sich im Falle einer weiteren Ablehnung an Frankreich und Rußland wenden, blieben die beiderseitigen Besprechungen ergebnislos.

Tatsächlich strebte England nunmehr danach, einen Ausgleich mit Frankreich und Rußland zu erreichen. Im Jahr 1904 kam es zu der »Entente-cordiale« (herzliches Einvernehmen). Damit endete die jahrhundertelange Feindschaft zwischen beiden Ländern. Deutschland hatte nur noch die Möglichkeit, Rußland zum Bundesgenossen zu gewinnen. Dazu kam es jedoch nicht. 1907 verständigten sich England und Rußland über ihre Interessen in Asien. Zwar diente dieses Bündnis nicht einer systematischen Einkreisung Deutschlands, aber trotzdem bedeutete die »Triple Entente« (England—Frankreich—Rußland) faktisch seine Isolation.

Deutschland und England (1912)

»Wie sollen wir uns da die Hand geben?!«

Archiv Gerstenberg, Wietze.

Aussagen der Karikatur

Zwei Männer, ein Engländer und ein Deutscher, stehen sich gegenüber. Jeder ist ganz darauf konzentriert, mit beiden Händen Kriegsschiffe zu tragen bzw. festzuhalten. Im Text dazu heißt es: »Wie sollen wir uns da die Hand geben?!«

Einsatz im Unterricht

Themen: Die Bündnispolitik Wilhelms II.
Die Ursachen für den Ersten Weltkrieg

Bei beiden Themen ist es didaktisch-methodisch am vorteilhaftesten, die Karikatur als Mittel der Veranschaulichung und Motivierung in der Lösungsphase einzusetzen.

2.7.2 Held (1916)

Historischer Hintergrund

Die deutsche Kriegsplanung (Schlieffenplan, nach dem Generalstabschef Schlieffen benannt) für den Ersten Weltkrieg sah vor:

— Durch einen Überraschungsangriff von Belgien aus die französische Armee in sechs Wochen auszuschalten.
— Nach dem Sieg über Frankreich die Hauptschlagkraft der deutschen Armee im Osten gegen Rußland einzusetzen.

Obwohl Belgien neutral war, zogen die deutschen Truppen am 3./4. August 1914 in Brüssel ein und drangen Anfang September gegen Paris vor. Es kam zur Schlacht an der Marne, die ohne Sieger blieb. Die Fronten bewegten sich nicht mehr. Es kam zum Stellungskrieg.
Der völkerrechtswidrige Einmarsch in Belgien und die Gefahr, daß deutsche Truppen die Kanalküste besetzten, veranlaßten England, am 4. August Deutschland den Krieg zu erklären.

Schneller als erwartet griffen die Russen mit starken Kräften aus dem Osten an. Also mußte die deutsche Heeresleitung Truppen an die Ostfront verlegen. Unter der Führung Hindenburgs und Ludendorffs wurden die heranrückenden Russen in zwei Schlachten (August 1914 bei Tannenberg; Februar 1915 in den Masuren) besiegt und zurückgedrängt. Im Laufe des Jahres 1915 besetzten die Mittelmächte ein Gebiet westlich der Linie Riga im Norden und Czernowitz im Süden. Jetzt kam es auch hier zum Stellungskrieg.

Die Alliierten, vor allem England, beherrschten die Meere. Damit war der deutschen Handelsschiffahrt der Weg in den Atlantik abgeschnitten. Da auch keine Schiffe mehr nach Deutschland fahren konnten (Blockade der Engländer), war die Versorgung der Industrie mit Rohstoffen gefährdet. So wurde auch die Herstellung von Waffen und Munition immer schwieriger. Deutschland antwortete mit dem Einsatz von Unterseebooten, die alliierte Kriegs- und Handelsschiffe versenken sollten. 1916 erstrebten beide Seiten unter immer größerem Materialeinsatz den Durchbruch an den Fronten. Die Materialschlachten wurden die grausamen Höhepunkte des Krieges.

Aufhängen der Bomben unter einem deutschen Großflugzeug.

Ein Schlachtfeld vor Verdun.

Aus: E. Kabisch, Das Volksbuch vom Weltkrieg, Union Deutsche Verlagsgesellschaft, Stuttgart, u. a., 1931, S. 123 und 261.

Am 21. Februar eröffneten die deutschen Truppen einen massierten Angriff auf die Festung Verdun, einen Eckpfeiler der französischen Front. Sie war mit ihren Forts und Panzerwerken, den Grabensystemen und den vorgeschobenen Sperrstellungen der Rückhalt der französischen Verteidigung. Die Absicht war, mit einem großen Aufwand an Menschen und Material die französische Armee auszubluten. Es gelang jedoch nicht, die Festung einzunehmen. Die Schlacht um Verdun dauerte sechs Monate und kostete über 300 000 Franzosen und 280 000 Deutschen das Leben. Sie führte zur Erschöpfung beider Seiten, brachte aber keine Kriegsentscheidung.

Ein heute 84jähriger ehemaliger Kriegsteilnehmer der bei Ausbruch des Krieges gerade 16 Jahre alt war, erzählt: »Das Schlimmste für mich war der Stellungskrieg. Wir lagen in Gräben und Unterständen hinter der französischen Grenze, die bis zu 10 Meter tief waren. Einmal hat es drei Monate gedauert, bis wir unseren Unterstand verlassen konnten. Das war ein elendes Leben gewesen. Wir haben Brennesseln abgekocht, damit wir überleben konnten. Ratten, Läuse, Flöhe, Nässe und Kälte brachten uns an den Rand der Verzweiflung. Die Franzosen lagen nur etwa 50 Meter von uns entfernt. Wenn gekämpft wurde, pfiffen die Geschosse über unsere Köpfe hinweg, und neben uns schlugen die Granaten ein. Immer wieder mußte ich an zu Hause denken: Mein Gott, komme ich hier wieder lebend heraus. Allein in diesen zwei Monaten habe ich ohnmächtig mit ansehen müssen, wie zwei meiner Freunde elend zugrunde gingen; der eine starb einige Stunden nach einer schweren Verwundung, der andere an einer Lungenentzündung.«

Held (1916)

HELD !

Zeichnung von L. Raven-Hill.

Westfälisches Landesmuseum für Kunst und Kulturgeschichte, Münster.

Aussagen der Karikatur

Die Karikatur zeigt ein kräftiges, struppiges Wildschwein. Es trägt eine Pickelhaube, das Symbol für Deutschland. Der Rüssel des Wildschweins ist in einer großen eisernen Tellerfalle gefangen. Daneben steht »Verdun«.
Die Karikatur ist eine Verspottung des deutschen Angriffs auf Verdun. Sie drückt das Scheitern des im Stellungskrieg festsitzenden Angreifers aus.

Einsatz im Unterricht

Thema: Der Verlauf des Ersten Weltkrieges

Die Karikatur eignet sich vor allem zum Einsatz auf der Stufe des Lösung. Sowohl als Teil des Informationstextes als auch vom Lehrer bei Besprechung wesentlicher Fakten als eigenes Medium eingebracht, fördert sie die Verlebendigung und damit die Motivation im Unterricht.

2.7.3 Calais—Dover (1916)
2.7.4 Merkwürdiges physikalisches Gesetz im Jahr 1917

Historischer Hintergrund

Seit Kriegsbeginn hatte England eine Seeblockade gegen Deutschland verhängt. Sie schnitt Deutschland von allen überseeischen Zufuhren ab und bewirkte mit fortschreitender Kriegsdauer einen ständig wachsenden Rohstoff- und Nahrungsmittelmangel. 1916 versuchte die Oberste Heeresleitung, durch eine Seeschlacht die Blockade zu durchbrechen. Am 31. Mai standen sich in der Schlacht vor dem Skagerrak auf deutscher Seite 16 Linienschiffe, 5 Schlachtkreuzer und 65 Zerstörer sowie auf englischer Seite 28 Linienschiffe, 9 Schlachtkreuzer, 8 große Kreuzer und 68 Zerstörer gegenüber. Trotz der zahlenmäßigen Unterlegenheit gelang es der deutschen Kriegsmarine, den Engländern wesentlich höhere Schiffsverluste beizubringen als sie selbst hinnehmen mußte. Trotzdem, es war ein Pyrrhussieg. Die deutschen Kriegsschiffe lagen in den Nordseehäfen fest, weil die Engländer durch eine Fernblockade die Nordsee sowohl am Kanal als auch zwischen Norwegen und Schottland sperrten. Spätestens jetzt wurde klar, daß Deutschland durch seine Flottenrüstung nur erreicht hatte, sich England zum Gegner zu machen; militärisch gesehen, blieb sie ansonsten vollkommen wirkungslos.

Die deutsche Admiralität setzte nun ihre Hoffnung auf die neue Unterseebootwaffe. Die U-Boote sollten durch Versenkung von Handelsschiffen die Versorgung Englands mit Rohstoffen und Kriegsmaterial unterbrechen. Der U-Boot-Einsatz mußte jedoch zum Konflikt mit den USA führen. Als am 7. Mai 1915 ein deutsches Unterseeboot einen der größten englischen Passagierdampfer, die »Lusitania«, der aus den USA kam und auf dem 1200 Menschen — darunter 100 Amerikaner — waren, versenkte, richteten die Vereinigten Staaten eine scharfe Note an die deutsche Regierung. Um einen Eintritt der USA in den Krieg zu vermeiden, erklärte die Reichsregierung, Passagierschiffe würden nicht mehr versenkt. Die Marine forderte jedoch nach wie vor den unbeschränkten Einsatz der U-Boote, weil ansonsten weiterhin Kriegsgeräte an England geliefert würden. Die Kriegslage verschärfte sich im Laufe des Winters 1916/17 derart, daß es für Deutschland nur noch die Möglichkeit gab, entweder zu einem Kompromißfrieden zu kommen oder den Krieg mit Einsatz aller Mittel fortzusetzen. Die Marineleitung war der Überzeugung, daß der uneingeschränkte Einsatz der U-Boote die englische Blockade innerhalb eines halben Jahres brechen und die Landung amerikanischer Truppen in Frankreich verhindern könnte. Wieder einmal gab die politische Führung trotz großer Bedenken den Forderungen des Militärs nach und erklärte am 1. Februar 1917 den uneingeschränkten U-Boot-Krieg. Am 2. April 1917 traten die USA in den Krieg ein.

Der Einsatz der U-Boote brachte für Deutschland große Erfolge. In der Zeit zwischen Oktober 1916 und Januar 1917 wurden je Monat 400 000 Tonnen Schiffsraum versenkt, vom 1. Februar 1917 bis 31. Dezember 1917 verloren die Westmächte 6 141 000 Bruttoregistertonnen. Die Aufhebung der Blockade oder gar die Entscheidung des Krieges zugunsten Deutschlands gelang jedoch nicht. Die Westmächte steigerten den Schiffsneubau erheblich und verbesserten ihre eigene U-Boot-Abwehr, vor allem durch das von Churchill erfundene Geleitzugsystem. Die britischen Verluste gingen stark zurück. Andererseits stieg die Zahl der versenkten deutschen U-Boote erheblich an. Mehr als die Hälfte aller U-Boot-Besatzungen kehrte nicht wieder zurück.

Calais—Dover (1916)

»Es ist einfach nicht mehr auszuhalten mit diesen U-Booten; sogar in den »Ärmel« kriechen sie einem jetzt schon!«

Zeichnung von W. A. Wellner nach M-e.
Aus: »Lustige Blätter«, Jg. 31/1916, Nr. 16, 89. Kriegsnummer.

Merkwürdiges physikalisches Gesetz im Jahre 1917

Je mehr das „U" zur Tiefe senkt — Der Brotkorb desto höher schwenkt!

Aussagen der Karikaturen

Calais—Dover

England ist als Mensch-Fisch-Wesen dargestellt. Die Gestalt ist von deutschen U-Booten umzingelt. Sogar in ihrem Ärmel stecken Boote. Torpedos fallen aus der Jacke heraus. Das Mensch-Fisch-Wesen macht einen verzweifelten Eindruck und kann sich vor den U-Booten kaum schützen.

Merkwürdiges physikalisches Gesetz im Jahr 1917

Ein mit Eselsohren dargestellter Engländer sitzt am Tisch, um zu speisen. In der linken Hand hält er eine Gabel, in der rechten ein Messer. Vor ihm steht ein leerer Teller. Mit offenem Mund schaut er verzweifelt nach oben, wo der Brotkorb von einem von U-Booten versenkten Frachter hochgezogen wird. Die Karikatur stellt den deutschen U-Boot-Einsatz und den Hunger der englischen Bevölkerung in Beziehung.

Beide Karikaturen sind Teil der deutschen Kriegspropaganda. Sie zielen darauf ab, die Bedrohung Englands durch den deutschen U-Boot-Krieg hervorzuheben.

Einsatz im Unterricht

Thema: Der Verlauf des Ersten Weltkrieges

Hinsichtlich ihrer inhaltlichen Aussage unterscheiden sich die beiden Karikaturen kaum. Es empfiehlt sich deshalb für den Einsatz eine der beiden auszuwählen.

Methodisch gesehen, bietet sich der Einsatz alternativ in der Lösungs- oder in der Anwendungsphase an.

In der Lösungsphase veranschaulichen sie als Teil des Informationspapiers die dargestellten Fakten.

In der Anwendungs- und Vertiefungsphase bewirken sie neue Motivation und regen an, wesentliche Elemente des Themas neustrukturiert zu verbalisieren und damit zu sichern.

2.7.5   Die Lage des russischen Volkes (1900)

Historischer Hintergrund

Im 19. Jahrhundert war Rußland noch weitgehend eine Ständegesellschaft. Die »untersten Volksschichten« waren die Land- und Industriearbeiter. Sie besaßen so gut wie keine Schulbildung, erhielten nur geringe Löhne, hatten eine sehr lange Arbeitszeit (etwa 11 Stunden täglich) und waren rechtlos. Arbeitsniederlegungen wurden als Meuterei angesehen und mit Gefängnis bzw. Deportation bestraft.

Zu der »vermögenden Oberschicht« zählten vor allem die adligen Gutsbesitzer und die Fabrikherren. Die Gutsbesitzer erhielten hohe Abgaben von den Bauern bzw. erwirtschafteten vor allem wegen den niedrigen Löhnen erhebliche Gewinne. Auch für die Fabrikbesitzer war die Provitrate sehr hoch. Der Erlös wurde nur selten zu Investitionen verwandt; die Oberschicht leistete sich ein luxuriöses Leben.

Das Militär als nächsthöhere Klasse war das entscheidende Machtinstrument der Regierenden. Es wurde gegen Streikende und Demonstranten eingesetzt.

Die kirchlichen Würdenträger bildeten dann die folgende gesellschaftliche Rangstufe. Die orthodoxe Kirche war Staatskirche. Sie besaß große Besitzungen, beaufsichtigte die Volksschulen und unterhielt selbst 25 000 Pfarrschulen, die vor allem Gebete, liturgische Texte und Choräle vermittelten.

Ganz oben, unmittelbar unter dem Zaren, standen die Regierungsbeamten. Sie übten die Staatsmacht autoritär aus und stützten sich dabei besonders auf die Polizei, die rigoros und unnachgiebig vorging. Darüber hinaus gab es ein ausgebautes Spitzelsystem und eine scharfe Zensur.

An der Spitze stand der Zar als absoluter Herrscher.

Die Lage des russischen Volkes (1900)

Anonyme russische Karikatur aus einer Geheimdruckerei, 1900.

Wir herrschen über euch.

Wir regieren euch.

Wir täuschen euch.

Wir schießen
auf euch.

Wir essen
für euch.

Zar

Regierungsbeamte

Kirche

Militär

Vermögende Oberschicht

Untere Volksschichten

Aussagen der Karikatur

Das Karikaturistische dieses Dokumentes aus dem Jahre 1900 liegt weniger in der Zeichnung als in den Aussagen der kurzen Sätze auf beiden Seiten:

— Bei den Regierungsbeamten heißt es: »Wir regieren euch.« Damit soll das absolutistische Regierungssystem angeprangert werden.

— Bei der Kirche heißt es: »Wir täuschen euch.«
  Hier kommen zum Ausdruck:
  der Reichtum der Kirche,
  die Machtposition der Kirche,
  die Unterstützung der Regierenden durch die Kirche.

— Beim Militär heißt es: »Wir schießen auf euch.«
  Das Militär wurde eingesetzt als Machtinstrument der Regierenden und der vermögenden Oberschicht zur Unterdrückung von Aufständen bzw. Streiks.

— Bei der »vermögenden Oberschicht« heißt es: »Wir essen für euch.«
  Mit dieser Aussage weist der Karikaturist auf die wirtschaftliche Unterdrückung und Ausbeutung der Land- und Industriearbeiter hin.

Einsatz im Unterricht

Thema: Die russische Revolution

Alternative Einsatzmöglichkeiten:

— Die Karikatur läßt sich sehr erfolgreich bei der Erarbeitung der Ursachen für die russische Revolution einsetzen. Im Unterrichtsgespräch erarbeiten die Schüler durch die Interpretation der Karikatur die wesentlichen Fakten. Der Lehrer ergänzt und vertieft durch zusätzliche Informationen.
  Es besteht auch die Möglichkeit, die Karikatur in einen Text einzubauen und so als Arbeitspapier den Schülern anzubieten.

— Erfolgversprechend ist ebenfalls der Einsatz der Karikatur auf der Stufe der Anwendung und Vertiefung. Die Schüler werden bei der Interpretation der Karikatur aufgefordert, die zuvor erarbeiteten Fakten anzusprechen und zu vertiefen.

2.8 Die Weimarer Republik (1919—1933)

2.8.1 Der Friedenskuß (1919)

Historischer Hintergrund

Die Karikatur nimmt Bezug auf den Versailler Vertrag und richtet sich sowohl gegen dessen Inhalt als auch gegen dessen Zustandekommen. Inhaltlich geht es vor allem um die Gebietsabtretungen und die weit überzogenen Reparationsforderungen. Hinsichtlich des Zustandekommens wird kritisiert, daß Deutschland in Versailles nicht als Verhandlungspartner zugelassen war und ihm die harten Friedensbedingungen weitgehend diktiert wurden.

Der deutschen Friedensdelegation — Prof. Schücking, Giesberts, Landsberg, Brockdorff-Rantzau, Leinert, Dr. Melchior — wurde der direkte mündliche Verhandlungsweg verweigert. Es blieb ihr nur die Möglichkeit, in Form von schriftlichen Noten Eingaben zu machen. Einige wenige Änderungen konnten sie durchsetzen.

Viele Zeitgenossen befürchteten damals, daß der Versailler Vertrag keine Grundlage für eine längerfristige Friedensordnung in Europa sei, sondern den Keim künftiger Spannungen beinhalte.

Der Friedenskuß (1919)

Zeichnung von T. Th. Heine. Westfälisches Landesmuseum für Kunst und Kulturgeschichte, Münster.

Aussagen der Karikatur

Der Karikaturist stellt den Versailler Friedensvertrag als einen Vampir dar. Er erdrückt den zarten, weißen Friedensengel und saugt ihm gleichzeitig das Blut aus. Er will damit deutlich machen, daß dieser Friedensvertrag nicht zur Befriedung führt; neue Konflikte sind zu befürchten.

116

Einsatz im Unterricht

Thema: Der Versailler Vertrag

Der Einsatz der Karikatur bietet sich besonders in der Anwendungs- und Vertiefungsphase an, wenn es darum geht, die Auswirkungen des Vertrages zu besprechen.

2.8.2 The Source (Die Quelle) (1930)

Historischer Hintergrund

Am 18. Januar 1919 begann in Versailles die Friedenskonferenz der Alliierten. Deutschland und seine Verbündeten waren von den Beratungen ausgeschlossen.
Der Vertrag übertraf die schlimmsten Befürchtungen. Durch den Friedensvertrag verlor Deutschland $^1/_8$ seines Staatsgebietes:

— Elsaß-Lothringen geht an Frankreich, Morsenet und Eupen-Malmedy an Belgien; Luxemburg scheidet aus dem deutschen Zollverein aus; Teile von Ostpreußen kommen unter die Verwaltung der Alliierten; Teile von Westpreußen und Pommern, Posen und Oberschlesien gehen an Polen; die Freie Stadt Danzig kommt unter die Verwaltung des Völkerbundes; das Hultschiner Ländchen geht an die Tschechoslowakei. Volksabstimmungen sollen entscheiden über den Verbleib des Saargebietes, Nordschleswigs, über Teile Ost- und Westpreußens und Oberschlesiens.

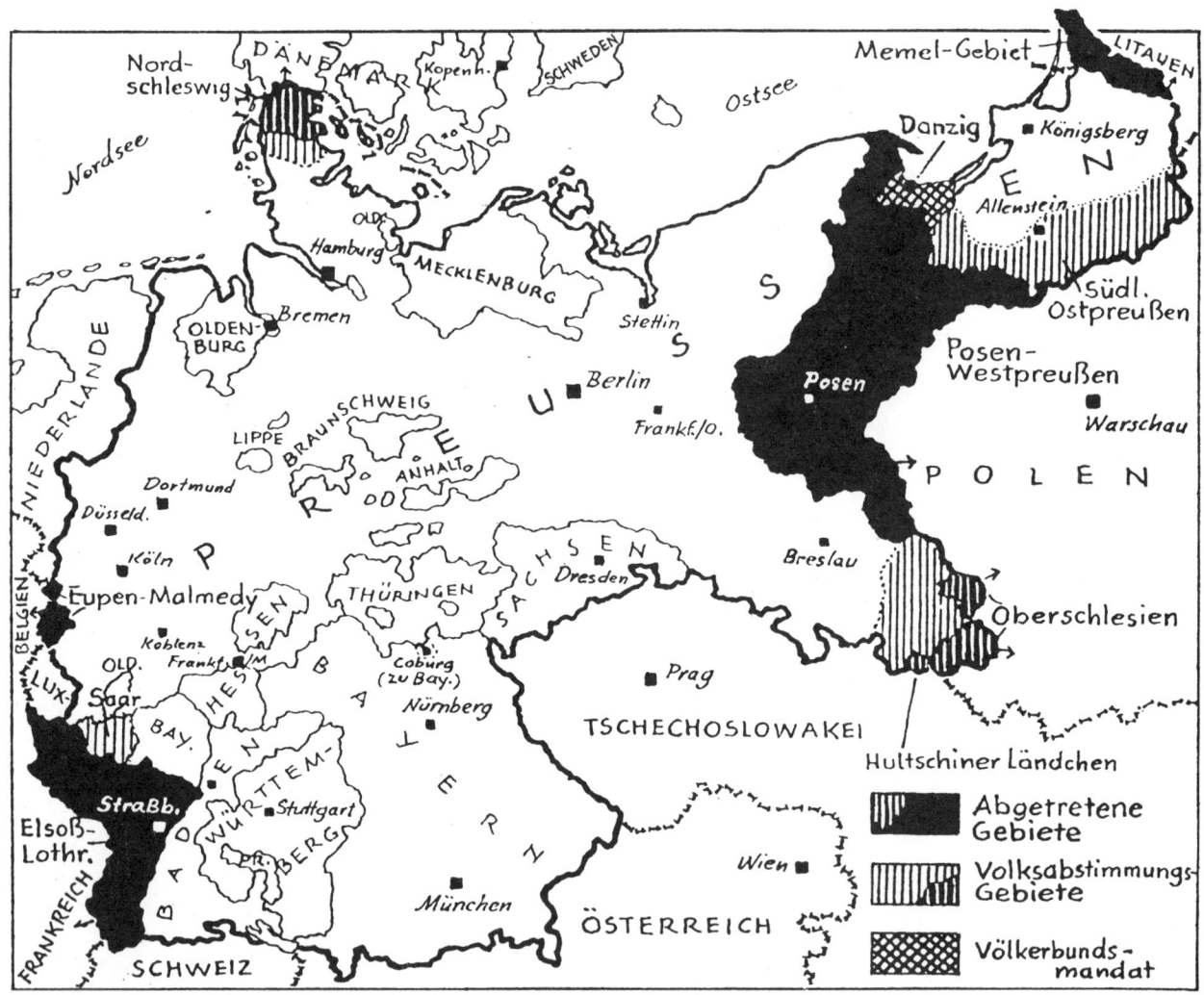

Kunstamt Kreuzberg (Hrsg.), Weimarer Republik, Berlin 1977³, S. 111.

— Ein weiterer wichtiger Punkt des Versailler Vertrages waren die Bestimmungen über die Wiedergutmachung. Deutschland wurde verpflichtet, den Siegern alle Schäden, die in diesem Krieg entstanden waren, zu ersetzen. Da sich die Siegermächte über die Höhe der Reparationen nicht einigen konnten, sollte eine Kommission die Schäden ermitteln und einen Zahlungsplan aufstellen. Als erste Teilzahlung sollte Deutschland sofort 10 Milliarden Goldmark und umfangreiche Sachlieferungen wie Industriegüter, Eisenbahnmaterial, Nutzvieh, Chemikalien usw. an die Alliierten abgeben. Außerdem mußte Deutschland den größten Teil seiner Handelsflotte abliefern. Während Wilson in seinen 14 Punkten die allgemeine Abrüstung gefordert hatte, wurde jetzt allein das besiegte Deutschland nahezu völlig entwaffnet.

Clemenceau wollte damit verhindern, daß Deutschland militärisch wiedererstarken und zu einem Gegenschlag ausholen konnte. Das deutsche Heer wurde auf 100 000 Mann beschränkt, die Auflösung des noch 400 000 Mann starken Heeres einer alliierten Kontrollkommission unterstellt. Die Marine durfte nur über 15 000 Mann verfügen; Zahl und Größe der Schiffe wurden vorgeschrieben. U-Boote, Luftstreitkräfte und alle schweren Waffen waren verboten. Durch diese Abrüstungsbestimmungen sollte Deutschland zu einer militärisch unbedeutenden Macht werden.

Schlimmer als die territorialen, wirtschaftlichen und finanziellen Bedingungen wurde das in Artikel 231 erzwungene Eingeständnis angesehen, Deutschland und seine Verbündeten seien allein am Ausbruch des Krieges schuld und infolgedessen auch für alle Schäden verantwortlich. Diese Behauptung der alleinigen Kriegsschuld Deutschlands war von den Alliierten aufgestellt worden, um den harten Vertragsbedingungen und insbesondere den Reparationsforderungen eine Begründung zu geben.

Die deutsche Delegation hatte in Versailles nur geringfügige Änderungen der Vertragsbedingungen erreichen können. Für die Annahme des Vertrages war eine Frist von sieben Tagen gesetzt. Nach heftigen Debatten und mit den größten Bedenken beschloß die Weimarer Nationalversammlung am 22. Juni 1919 mit 267 gegen 138 Stimmen bei 5 Enthaltungen, die Friedensbedingungen anzunehmen. Der Versailler Vertrag war für die junge Republik eine außerordentlich schwere Belastung. Die Gebietsabtretungen und Reparationen wirkten sich sehr negativ auf die wirtschaftliche Entwicklung aus. Politisch waren Inhalt und Zustandekommen des Vertrages ein Hauptargument der radikalen Parteien im Kampf gegen die Republik.

Demonstration in Berlin gegen den
Versailler Vertrag.

Sie nutzten die verständliche Empörung und Ablehnung der Bevölkerung für ihre Zwecke aus, indem sie nicht aufhörten, mit Vorwürfen wie Versklavungsdiktat, Erfüllungspolitik und Erniedrigung zu agitieren.

The Source (Die Quelle) 1930

VERSAILLES TREATY

HITLER PARTY

Hanfstangl, Ernst (urspr. Hrsg.): Hitler in der Karikatur der Welt. 1924—1934. (Nachdruck mit Kommentaren aus dem »Dritten Reich«.) Verlag Melzer, Darmstadt, S. 17.

Aussagen der Karikatur

Aus den Reichstagswahlen am 14. September 1930 ging die NSDAP Hitlers erstmals als zweitstärkste Partei hervor. Die Karikatur, am 18. Oktober 1930 erschienen, ist eine Stellungnahme zu dem Anwachsen der NSDAP in Deutschland. Sie nennt den Versailler Vertrag als eine wesentliche Ursache für diese Entwicklung.

Einsatz im Unterricht

Themen: Ursachen für den Aufstieg des Nationalsozialismus
Ursachen für das Scheitern der Republik

Die Karikatur kann bei beiden Themen sowohl in der Lösungsphase (im Medienverbund mit anderen Informationsträgern) als auch in der Anwendungs- bzw. Vertiefungsphase eingesetzt werden.

2.8.3 Vom parlamentarischen Rummelplatz (1932)

Historischer Hintergrund

Ende der zwanziger Jahre kam es in den USA zur Überproduktion. Es fanden sich keine Käufer für die Masse der produzierten Waren. Die Lager der Fabriken waren bald überfüllt. 1929 konnten in den USA 5,4 Millionen Autos und 1 Milliarde Paar Schuhe nicht abgesetzt werden. Die notwendige Drosselung der Produktion führte zwangsläufig zu Entlassungen und zur Arbeitslosigkeit. Zum Höhepunkt der Krise und ihrer Ausweitung auf die ganze Welt kam es am 29. Oktober 1929 (»Schwarzer Freitag«), an dem die New Yorker Börse zusammenbrach. Infolge der internationalen Kredit- und Wirtschaftsverflechtungen führte die amerikanische Krise bald zu einer Weltwirtschaftskrise. In Deutschland wurden viele Fabriken stillgelegt und zahlreiche Läden geschlossen. Es kam zu einer großen Arbeitslosigkeit. 1932 betrug die Zahl der Erwerbslosen über 6 Millionen.

Während die innerlich gefestigten Demokratien die Krise allmählich wieder in den Griff bekamen ohne die demokratische Lebensform in Frage zu stellen, weitete sich in Deutschland die Wirtschaftskrise zu einer Krise des parlamentarischen Systems aus. Viele waren der Meinung, daß die demokratischen Kräfte die anstehenden Probleme nicht mehr lösen könnten und wählten zunehmend die das parlamentarische System ablehnenden radikalen Parteien NSDAP und KPD.

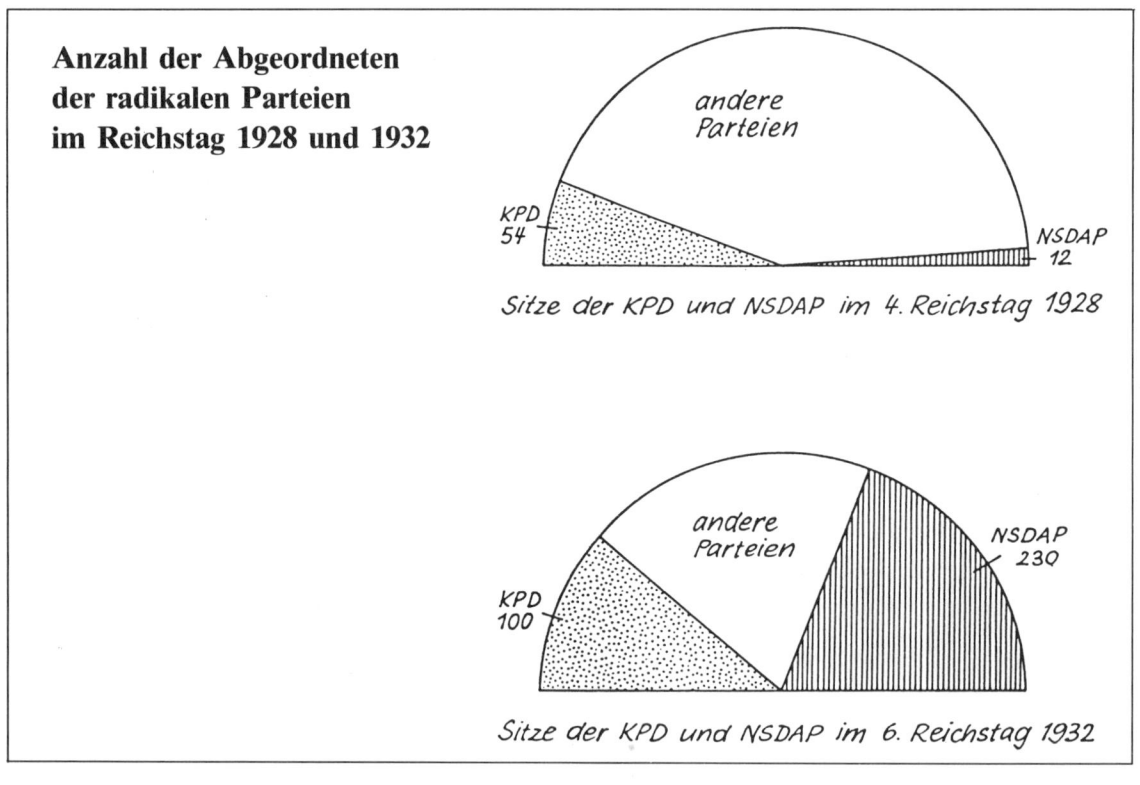

Anzahl der Abgeordneten der radikalen Parteien im Reichstag 1928 und 1932

andere Parteien
KPD 54
NSDAP 12

Sitze der KPD und NSDAP im 4. Reichstag 1928

andere Parteien
NSDAP 230
KPD 100

Sitze der KPD und NSDAP im 6. Reichstag 1932

Im März 1930 trat die Regierung der großen Koalition (SPD, Zentrum, DDP, DVP) unter dem sozialdemokratischen Reichskanzler Hermann Müller zurück. Die Parteien waren nicht mehr bereit, in der schwierigen Zeit Regierungsverantwortung zu übernehmen. Der Anlaß für die Auflösung der großen Koalition waren Meinungsverschiedenheiten über die Lastenverteilung bei der Arbeitslosenversicherung. Am 30. März 1930 wurde der Zentrumsabgeordnete Heinrich Brüning vom Reichspräsidenten zum Reichskanzler berufen.

Brüning verfügte nicht über eine parlamentarische Mehrheit. Als der Reichstag Brünings radikales Einsparungsprogramm zur Bekämpfung der Wirtschaftskrise ablehnte, ließ er durch den Reichspräsidenten das Parlament auflösen. Die darauf folgende Wahl am 14. September 1930 brachte jedoch Brüning nicht die erhoffte Verbreiterung seiner parlamentarischen Basis. Im Gegenteil, die Kommunisten konnten sogar die Zahl ihrer Sitze im Reichstag verdoppeln, während die Nationalsozialisten statt bisher 12 nun 107 Mandate errangen.

In der Folgezeit regierte Brüning weitgehend auf der Grundlage des Artikels 48 der Weimarer Verfassung. Anstelle der parlamentarischen Gesetzgebung traten immer mehr Notverordnungen des Reichspräsidenten in Kraft. Die Weimarer Republik war keine funktionsfähige Demokratie mehr.

Den während der Wirtschaftskrise ständig wachsenden Fraktionen der radikalen Parteien NSDAP und KPD ging es im Parlament nicht darum, konstruktive Kritik als Alternative zur Regierungspolitik zu üben. Erklärterweise wollten sie die Funktionsfähigkeit von Parlament und Regierung lahmlegen und damit das demokratische System untergraben. 1928 schrieb Hitler: »Wir gehen in den Reichstag hinein, um uns im Waffenarsenal der Demokratie mit deren eigenen Waffen zu versorgen. Wir werden Reichstagsabgeordnete, um die Weimarer Gesinnung mit ihrer eigenen Unterstützung lahmzulegen. Wenn die Demokratie so dumm ist, uns für diesen Bärendienst Freifahrtkarten und Diäten zu geben, so ist das ihre eigene Sache... Uns ist jedes gesetzliche Mittel recht, den Zustand von heute zu revolutionieren. Wenn es uns gelingt, bei diesen Wahlen sechzig bis siebzig Agitatoren unserer Partei in die verschiedenen Parlamente hineinzustecken, so wird der Staat selbst in Zukunft unseren Kampfapparat ausstatten und besolden... Man soll nicht glauben, der Parlamentarismus sei unser Damaskus... Wir kommen als Feinde! Wie der Wolf in die Schafherde einbricht, so kommen wir. Jetzt seid ihr nicht mehr unter euch!«[1]

Die Fraktion der NSDAP trat in der Regel in Uniform auf und marschierte im Gleichschritt in den Parlamentssaal. Die Abgeordneten waren von Hitler zu striktem Fraktionszwang verpflichtet. Besonders häufig machten die Nationalsozialisten vom Mittel des Mißtrauensantrags Gebrauch. Von Oktober 1930 bis Ende 1932 stellten sie, die Kommunisten und die ebenfalls einen antidemokratischen Kurs steuernde Deutschnationale Volkspartei, 59 Mißtrauensanträge, um Regierungen bzw. einzelne Minister zu stürzen. Nach der Wahl vom 31. Juli 1932 verfügten KPD, DNVP und NSDAP über 358 von 608 Sitzen. Diese drei Parteien waren wegen ihrer sachlichen Gegensätze nicht in der Lage, eine Koalition zu bilden. Gemeinsam setzten sie jedoch alles daran, das Parlament systematisch zu ruinieren. Die ständige Demonstration der Unfähigkeit des Parlamentes sollte für die Öffentlichkeit der Beweis sein, daß das »Weimarer System« beseitigt werden muß. Dazu war den Nationalsozialisten jedes Mittel recht. Die am häufigsten angewandten Störaktionen waren: Parlamentsauszug, um die Beschlußunfähigkeit zu erreichen, Tumultentfachung, demonstratives Singen nationalsozialistischer Lieder und Anzettelung von Schlägereien.

1 Buchheit/Eucken — Erdsiek/Adler, Der Führer ins Nichts, Grote-Verlag, Rastatt/Baden 1960, S. 10.

Kladderadatsch, 1932. Aus: Dollinger, H., Lachen streng verboten! Die Geschichte der Deutschen im Spiegel der Karikatur, Südwest-Verlag, München 1972, S. 246.

Aussagen der Karikatur

Die Karikatur zeigt ein Karussell, das als Rad konzipiert ist. In den Gondeln sitzen verschiedene Parteien des Reichstages. In der obersten Gondel befinden sich die Nationalsozialisten. Die sich auf der Gegenseite befindende Gondel trägt das Zeichen der KPD. Den Nationalsozialisten und den Kommunisten ist es gelungen, das Karussell zum Stehen zu bringen. Die Funktionsfähigkeit ist gestört. Die Vertreter beider Parteien feiern, die Arme hochreißend, diesen Zustand als Erfolg.
Die Karikatur äußert sich zu der Lage des parlamentarischen Systems nach den Reichstagswahlen vom Juli 1932. Der Kladderadatsch nennt die Betriebsstörung »eine erfreuliche Erscheinung«. Ihm erscheint dieser Zustand nicht unsympathisch.

Einsatz im Unterricht

Thema: Die Zerstörung des parlamentarischen Systems in der Weimarer Republik

Die Karikatur ist bei dieser Themenstellung sowohl in der Lösungs- als auch in der Anwendungsphase einsetzbar.

In der Lösungsphase ist die Karikatur in Verbindung mit einem informierenden Text geeignet, einige wesentliche Elemente der Thematik darzustellen.

In der Anwendungsphase bedarf ihr Einsatz keines zusätzlichen Kommentars. Ihre Interpretation fordert die Schüler auf, die zuvor gewonnenen Kenntnisse und Einsichten neu zu strukturieren und zu verbalisieren. Das fördert die Veranschaulichung und Sicherung.

Thema: Gründe für das Scheitern der Weimarer Republik

Wegen der didaktischen Bedeutsamkeit ist es geboten, die Gründe für das Scheitern der Weimarer Republik in einer eigenen Unterrichtsstunde zusammenfassend zu nennen, zu erklären und zu werten. Bei diesem Vorhaben regt die Karikatur die Schüler an, einige wesentliche Ursachen für das Scheitern der Republik zu reproduzieren und zu erklären:

— Zerstrittenheit der demokratischen Parteien,
— Zersplitterung des Parlaments als Folge des Verhältniswahlrechtes,
— Anwachsen der radikalen Parteien in der Zeit der Weltwirtschaftskrise,
— das demokratiefeindliche Verhalten von NSDAP und KPD.

2.9 Der Nationalsozialismus (1933—1945)

2.9.1 »Friedenspolitik« Hitlers (1933)

Historischer Hintergrund

Nach der Machtergreifung kam es Hitler außenpolitisch zunächst darauf an, sein tatsächliches Vorhaben der Öffentlichkeit gegenüber zu verschleiern. Am 31. Januar 1933 erklärte er in einem Aufruf: »Außenpolitisch wird die nationale Regierung ihre höchste Mission in der Wahrung der Lebensrechte und damit der Wiedererringung der Freiheit unseres Volkes sehen ... sie wird mithelfen, in die Gemeinschaft der übrigen Nationen Deutschland als einen Staat gleichen Wertes und damit allerdings auch gleicher Rechte einzufügen. Sie ist dabei erfüllt von der Größe der Pflicht, mit diesem freien, gleichberechtigten Volke für die Erhaltung und Festigung des Friedens einzutreten, dessen die Welt heute mehr bedarf als je zuvor. Möge auch das Verständnis der anderen mithelfen, daß dieser unser aufrichtigster Wunsch zum Wohle Europas, ja der Welt sich erfüllt. So groß unsere Liebe zu unserem Heere als Träger unserer Waffen und Symbol unserer großen Vergangenheit ist, so wären wir doch beglückt, wenn die Welt durch eine Beschränkung ihrer Rüstungen eine Vermehrung unserer eigenen Waffen niemals mehr erforderlich machen würde ...«[1]

Daß sich seine Zielvorstellungen in Wirklichkeit jedoch nicht geändert hatten, machte Hitler bereits am 3. Februar 1933 in einer ersten Besprechung mit den Befehlshabern der Reichswehr deutlich, als er u. a. forderte: »...Ertüchtigung der Jugend und Stärkung des Wehrwillens mit allen Mitteln ... Aufbau der Wehrmacht, wichtigste Voraussetzung zur Erreichung des Ziels: Wiedererringung der politischen Macht. Allgemeine Wehrpflicht muß wieder kommen ... Wie soll politische Macht, wenn sie gewonnen ist, gebraucht werden? ... Eroberung neuen Lebensraumes und dessen rücksichtslose Germanisierung ...«[2]

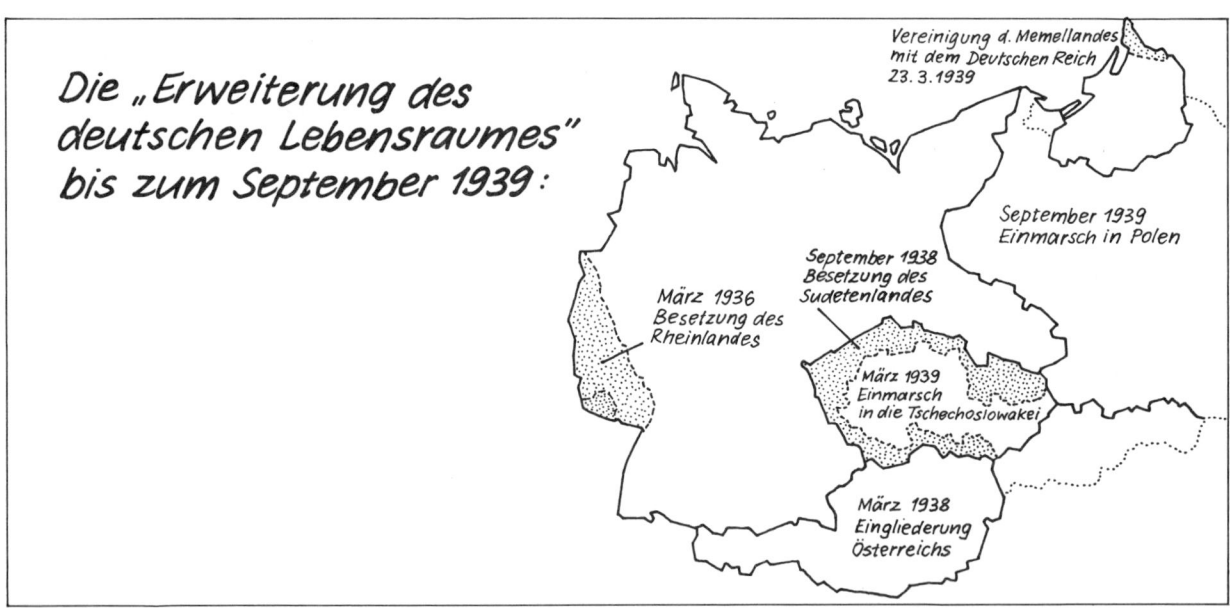

Die „Erweiterung des deutschen Lebensraumes" bis zum September 1939:

Vereinigung d. Memellandes mit dem Deutschen Reich 23. 3. 1939

September 1939 Einmarsch in Polen

September 1938 Besetzung des Sudetenlandes

März 1936 Besetzung des Rheinlandes

März 1939 Einmarsch in die Tschechoslowakei

März 1938 Eingliederung Österreichs

In der Folge bestand die Methode der nationalsozialistischen Außenpolitik darin, einerseits ständig den Frieden zu beteuern und andererseits durch überraschende und einseitige Maßnahmen vollendete Tatsachen zu schaffen. Sie wurde ermöglicht, weil die westlichen Demokraten kriegsmüde und uneinig waren und eine Politik des ständigen Nachgebens betrieben.

1 Bundeszentrale für politische Bildung (Hrsg.), Der Nationalsozialismus, in: Informationen zur politischen Bildung, Heft-Nr. 123/126/127, Bonn 1974, S. 36.
2 Ebenda, S. 37.

»Friedenspolitik« Hitlers (1933)

»Freie Presse«, Amsterdam, Dezember 1933.

Aussagen der Karikatur

Die Karikatur zeigt Hitler als Friedensengel. Hitler selbst ist als »Kraftmeier« dargestellt. Im Hintergrund symbolisieren Soldaten und Flugzeuge die sich vollziehende Aufrüstung Deutschlands. Der Karikaturist stellt bereits zu diesem Zeitpunkt die Friedensbeteuerungen Hitlers in Frage.

Einsatz im Unterricht

Thema: Außenpolitik Hitlers

Alternative Einsatzmöglichkeiten:

Lösungs- bzw. Erarbeitungsphase
Die Karikatur kann hier Teil einer Darstellung der Außenpolitik Hitlers und des Nationalsozialismus sein. Wesentliche Inhalte dieses Arbeitspapiers sollten sein:

— Ziele der Außenpolitik,
— Aufrüstung,
— ständige Friedensbeteuerungen Hitlers.

Anwendungs- und Vertiefungsphase
Die Interpretation der Karikatur in dieser Phase des Unterrichts ist für die Schüler eine ausgezeichnete Motivation, die zuvor erworbenen Fakten und gewonnenen Erkenntnisse anzuwenden. Vor allem kann die Methode der nationalsozialistischen Außenpolitik verdeutlicht, vertieft und gefestigt werden.

2.9.2 »Rückgrat raus!« (1934)

Historischer Hintergrund

Der Nationalsozialismus begnügte sich nicht mit der Übernahme aller staatlichen Machtpositionen. Er strebte nach der totalen Verfügbarkeit jedes einzelnen Menschen. Gefordert waren bedingungslose Gefolgschaft und aktive Mitarbeit. Ausgerichtet auf Hitler sollte das Volk einheitlich denken und handeln. Das umfassende Ziel war die Gleichschaltung aller Bürger auf Hitler.

»Gleichschaltung« der jungen Generation: die Hitlerjugend (HJ) und der Bund Deutscher Mädchen (BDM).

Diese Zielsetzung sollte erreicht werden durch einen pseudoreligiösen Führerkult, die Erziehung und den Parteiapparat:

— Die nationalsozialistische Propaganda stellte Hitler als einen Übermenschen dar. Sie sprach ihm Unfehlbarkeit zu und schloß für ihn menschliches Irren aus.
— Das nationalsozialistische Erziehungssystem nahm den jungen Menschen bereits in frühester Jugend auf, reichte ihn dann von Institution zu Institution und erlaubte ihm praktisch kein Entrinnen. Angestrebt waren eine umfassende Beeinflussung und Ausrichtung des Menschen im Sinne der nationalsozialistischen Ideologie sowie die totale Überwachung.
— Der Parteiapparat und die nationalsozialistischen Berufsorganisationen gewährleisteten aufgrund ihrer strengen hierarchischen Ordnung und ihres engmaschigen Erfassungssystems die Fortsetzung der systemgetreuen Ausrichtung und der umfassenden Kontrolle.

Wer es wagte, sich von der nationalsozialistischen Bewegung fernzuhalten oder sich ihr gar zu widersetzen, hatte mit scharfen Sanktionen zu rechnen. Das Heimtückegesetz vom Dezember 1934 und der Schutzhafterlaß vom Januar 1938 waren wirkungsvolle Instrumente in der Hand der Gestapo. Für sie galt jede politische Auffassung, die von der nationalsozialistischen Ideologie abwich, als Krankheitserscheinung. Sie war rücksichtslos auszumerzen.

»Rückgrat raus!« (1934)

Vierfarb-Lithographie von A. P. Weber.

Aus: Lichtbildreihe R 429, »Das Dritte Reich und sein Erbe im Bilde A. P. Webers«, Institut für Film und Bild in Wissenschaft und Unterricht, Grünwald.

Aussagen der Karikatur

In der Mitte der Karikatur befindet sich ein kleingewachsener, korpulenter und kräftiger Mann, dessen Gestalt und Verhalten Entschlossenheit, Überzeugtsein vom eigenen Tun und Skrupellosigkeit ausdrücken. In seinem Munde hält er ein großes Messer fest, mit dem er zuvor dem vor ihm auf einem Tisch liegenden Menschen die Wirbelsäule herausgeschnitten hat. Der Mann, eher einem Schlächter als einem Chirurgen ähnelnd, nimmt gerade mit beiden Händen das Rückgrat heraus, um es auf den Boden zu werfen, wo bereits mehrere herumliegen.
Links stehen Menschen, in einer Reihe hintereinander aufgestellt, in betont aufrechter Haltung, darauf wartend, auf den »Operationstisch« zu kommen. Auf der rechten Seite der Karikatur kriechen rückgratlose Menschen auf Händen und Knien, ebenfalls in einer Reihe, hintereinander davon.
Die Karikatur ist ein zeitgenössisches Dokument, das sehr anschaulich und eindrucksvoll die Konsequenzen der nationalsozialistischen Gleichschaltungspolitik für die Menschen darstellt.

130

Einsatz im Unterricht

Thema: Das Führerprinzip — Maßnahmen zur Gleichschaltung

Die Karikatur ist ein ausgezeichnetes Medium, um am Ende der Stunde die Maßnahmen zur Gleichschaltung und deren Auswirkungen auf die Menschen zu vertiefen, zu verlebendigen und zu sichern.

2.9.3 Stepping Stones to Glory (Trittsteine zum Ruhm) (1936)

Historischer Hintergrund

Nach der Machtergreifung am 31. Januar 1933 kam es Hitler darauf an, die Regierungen der Westmächte, denen die deutsche Entwicklung Sorgen bereitete, durch ständige Friedensbeteuerungen zu beruhigen. In Wirklichkeit hatten sich seine Zielvorstellungen jedoch nicht geändert. Das machte er am 3. Februar in einer Besprechung mit den Befehlshabern der Reichswehr deutlich, als er u. a. forderte: »Ertüchtigung der Jugend und Stärkung des Wehrwillens mit allen Mitteln... Aufbau der Wehrmacht... Wiedererringung der politischen Macht, wenn sie gewonnen ist, wozu soll sie gebraucht werden?... Eroberung neuen Lebensraumes und dessen rücksichtslose Germanisierung.«[1]

Hitler war sich auch der Gefahr einer solchen Politik bewußt. »Gefährlichste Zeit ist die des Aufbaus der Wehrmacht. Da wird sich zeigen, ob Frankreich Staatsmänner hat, wenn ja, wird es uns nicht Zeit lassen, sondern über uns herfallen...«[2]

Diese Staatsmänner hatte Frankreich nicht. Am 16. März 1935 erließ die Reichsregierung das »Gesetz für den Aufbau der Wehrmacht«. Die Westmächte reagierten auf den offenen Bruch des Versailler Vertrages lediglich mit Protesten. Im März 1936 holte Hitler zu einem weiteren Schlag aus. Er brach das Locarno-Abkommen und ließ deutsche Truppen in die entmilitarisierte Zone des Rheinlandes einmarschieren.

Wiederbesetzung des entmilitarisierten Rheinlandes, März 1936.

Auch auf diese offene Herausforderung kam seitens der Westmächte keine ernsthafte Reaktion. Hitler gestand später, daß er hier ein großes Risiko eingegangen sei, weil er militärisch zu diesem Zeitpunkt noch nicht auf eine Auseinandersetzung vorbereitet war.

---

1 Bundeszentrale für politische Bildung (Hrsg.), a.a.O., S. 37.
2 Zentner, Chr., Illustrierte Weltgeschichte, München 1972, S. 472.

132

Stepping Stones to Glory (Trittsteine zum Ruhm) (1936)

Boss	Spineless	Rhineland	Rearmament
of the universe	»Leaders« of democracy	Fortification	
Chef	Rückgratlose	Besetzung des	Wiederauf-
des Universums	»Führer« der Demokratie	Rheinlandes	rüstung

Karikatur von David A. C. Low.

Aus: Low, D. A. C., Years of wrath. A cartoon history 1932—1945, Gollancz, London 1949, S. 35.

Aussagen der Karikatur

Die Karikatur zeigt die Vertreter der westlichen Demokratien in gebückter Stellung, weit nach vorne geneigt, in einer Reihe aufgebaut, Rücken an Rücken. Dazu heißt es im Text: »Rückgratlose Führer der Demokratie«. Auf dem Rücken der ersten Person steht »Allgemeine Wehrpflicht«, auf dem nächsten heißt es »Besetzung des Rheinlandes«. Visionär hat der Karikaturist auf dem Rücken der dritten Person »Danzig« eingetragen. Am Ende der Reihe ist zu lesen »Chef des Universums«. Hitler marschiert in Siegespose auf den Rücken der westlichen Staatsführer in Richtung »Weltherrschaft«. Sein Fuß befindet sich — die Karikatur wurde am 8. Juli 1936 veröffentlicht — gerade auf dem Rücken, der als zweiter Trittstein angeordnet ist und auf dem »Besetzung des Rheinlandes« zu lesen ist. Die Fragen und Ausrufezeichen beinhalten die Vermutung, daß Hitler weitere Gebiete fordern wird.

Einsatz im Unterricht

Thema: Ursachen für das Nichteingreifen der Westmächte bei Vertragsbrüchen Hitlers

Bei diesem Thema läßt sich die Karikatur erfolgversprechend auf der Stufe der Motivation einsetzen. Die Schüler interpretieren die Karikatur und werfen die Problemstellung auf.

Thema: Außenpolitik Hitlers

Bei dieser Themenstellung kann die Karikatur als Teil des Informationstextes zum Einsatz kommen.

2.9.4   Der Hitler-Stalin-Pakt (1939)

Historischer Hintergrund

Im April 1939 erteilte Hitler die Weisung »Fall Weiß«. Die Wehrmacht erhielt den Auftrag, die Voraussetzungen für die Vernichtung des polnischen Heeres zu schaffen. Noch immer befürchtete Hitler jedoch den Zweifrontenkrieg. Nachdem im Mai und Juni Bemühungen der Westmächte, mit der Sowjetunion ein Bündnis zu schließen, erfolglos blieben, ließ der deutsche Außenminister Ribbentrop durch seinen Botschafter in Moskau Interesse an einem Abkommen erklären. Am 23. August 1939 wurde die Weltöffentlichkeit von der Nachricht überrascht, daß die Sowjetunion und Deutschland einen Nichtangriffspakt unterzeichnet hatten. Der Vertrag erhielt ein geheimes Zusatzprotokoll mit folgendem Text:

»Aus Anlaß der Unterzeichnung des Nichtangriffsvertrages zwischen dem Deutschen Reich und der Union der Sozialistischen Sowjetrepubliken haben die unterzeichneten Bevollmächtigten der beiden Teile in streng vertraulicher Aussprache die Frage der Abgrenzung der beiderseitigen Interessensphären in Osteuropa erörtert. Diese Aussprache hat zu folgendem Ergebnis geführt:

1. Für den Fall einer territorial-politischen Umgestaltung in den zu den baltischen Staaten (Finnland, Estland, Lettland, Litauen) gehörenden Gebieten bildet die nördliche Grenze Litauens zugleich die Grenze der Interessensphäre Deutschlands und der UdSSR. Hierbei wird das Interesse Litauens am Wilnaer Gebiet beiderseits anerkannt.

2. Für den Fall einer territorial-politischen Umgestaltung der zum polnischen Staate gehörenden Gebiete werden die Interessensphären Deutschlands und der UdSSR ungefähr durch die Linie der Flüsse Narew, Weichsel und San abgegrenzt.
Die Frage, ob die beiderseitigen Interessen die Erhaltung eines unabhängigen polnischen Staates erwünscht erscheinen lassen und wie dieser Staat abzugrenzen wäre, kann endgültig erst im Laufe der weiteren politischen Entwicklung geklärt werden. In jedem Fall werden beide Regierungen diese Frage im Wege einer freundschaftlichen Verständigung lösen.

3. Hinsichtlich des Südostens Europas wird von sowjetischer Seite das Interesse an Bessarabien betont. Von deutscher Seite wird das völlige politische Desinteresse an diesen Gebieten erklärt.

4. Dieses Protokoll wird von beiden Seiten streng geheim behandelt.«[1]

Hitler erhielt durch den Vertrag Rückendeckung für seine militärischen Aktionen gegen die Westmächte. Bereits am Morgen des 1. September 1939 ließ er seine Truppen in Polen einmarschieren.
Für Stalin eröffnete der Pakt die Möglichkeit, nach dem deutschen Einmarsch in Polen fast risikolos Annektionen vorzunehmen.

---

1 Huber, H., Müller, A., Das Dritte Reich, Bd. 1, München 1964, S. 399.

Der Hitler-Stalin-Pakt (1939)

A. Antepohl, unter Verwendung einer Karikatur von David Low, 1939.

Aussagen der Karikatur

Trotz krasser ideologischer Gegensätze begrüßen sich Stalin und Hitler mit überschwenglicher Freundlichkeit. Zwischen ihnen befindet sich das polnische Volk und dessen Territorium. Die Freundschaft der beiden Männer bedeutet für Polen Tod und Zerstörung.

Einsatz im Unterricht

Themen: Außenpolitik Hitlers
Der Hitler-Stalin-Pakt

In der Anwendungs- und Vertiefungsphase fordert die Karikatur die Schüler auf, die verschiedenen Aspekte des Hitler-Stalin-Paktes vertiefend zu besprechen und bewertend zu analysieren.

136

2.9.5 Hitler verheizt die deutschen Armeen (1942)

Historischer Hintergrund

Spätestens ab dem 2. Halbjahr 1942 wird deutlich, daß die deutschen Armeen überfordert sind. Nach den Anfangserfolgen kommen jetzt die ersten großen Rückschläge:

— Die Offensive General Rommels gegen die Briten in Ägypten bleibt stecken.
— Die 6. Armee wird in Stalingrad eingeschlossen.

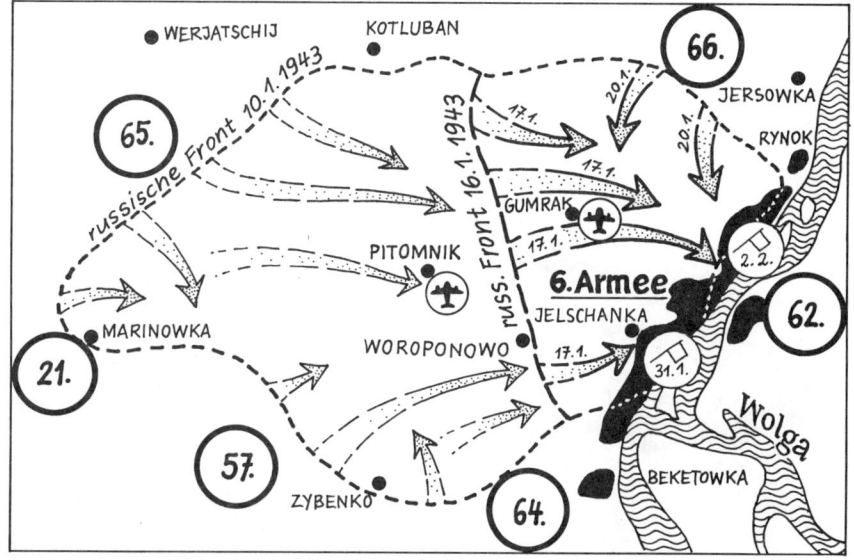

Die Schlacht um Stalingrad (1942/43)
(ca. 150 000 gefallene und ca. 90 000 gefangene deutsche Soldaten)

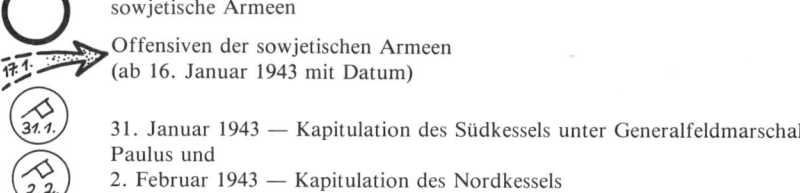

○ sowjetische Armeen

Offensiven der sowjetischen Armeen
(ab 16. Januar 1943 mit Datum)

31. Januar 1943 — Kapitulation des Südkessels unter Generalfeldmarschall Paulus und
2. Februar 1943 — Kapitulation des Nordkessels

— Die schweren und ständig zunehmenden Luftangriffe auf deutsche Gebiete fordern immer größere Verluste bei der Bevölkerung und bewirken erhebliche Zerstörungen.

Die Opfer werden ständig größer. Deutschland muß die letzten Reserven mobilisieren.

Der deutsche Volkssturm.

Ullstein Bilderdienst, Berlin.

137

Hitler verheizt die deutschen Armeen (1942)

Karikatur von David A. C. Low.

Aus: Low, D. A. C., Years of wrath. A cartoon history 1932—1945, London, Gollancz 1949, S. 211.

Aussagen der Karikatur

Hitler steht vor einem Berg toter Soldaten. Sein Gesicht ist verzerrt und drückt blinde Ent-schlossenheit und Fanatismus aus. In der Hand hält er eine breite Schaufel, auf der eine Viel-zahl toter Soldaten liegt. Hitler ist gerade dabei, die Toten in einen Heizofen zu werfen.

Einsatz im Unterricht

Thema: Verlauf des Zweiten Weltkrieges

Alternative Einsatzmöglichkeiten:

— In der Erarbeitungs- bzw. Lösungsphase
   Im Medienverbund mit Texten und Bildern können mit Hilfe der Karikatur Teilaspekte
   der Thematik erarbeitet werden:
   — Strapazen, Entbehrungen und Leiden der Soldaten,
   — Opfer der Bevölkerung,
   — Durchhalteparolen bei aussichtsloser Kriegslage,
   — Sinnlosigkeit von Krieg überhaupt.

— In der Anwendungs- und Vertiefungsphase
   Die Karikatur ist in dieser Phase Anstoß bzw. Provokation, um einzelne der zuvor
   gewonnenen Erkenntnisse vertiefend zu besprechen.

2.9.6 Hitler im Würgegriff der Alliierten (1942)

Historischer Hintergrund

Zunächst brachte auch das Jahr 1942 weitere Erfolge für die deutschen Truppen. Der Afrika-Armee gelang es, bis 100 km vor Alexandria vorzustoßen. Die Sommeroffensive in Rußland führte bis nach Stalingrad an der Wolga und in den Kaukasus.

Im 2. Halbjahr 1942 trat dann die Wende des Krieges ein. Im November durchbrachen russische Truppen bei Stalingrad die Frontlinie der deutschen Truppen und kesselten die 6. Armee mit etwa 250 000 Soldaten ein. Hitler verbot einen möglichen Ausbruch und verschuldete dadurch den Verlust von rund 200 000 Soldaten.

Zur gleichen Zeit landeten die USA und England mit starken Truppenverbänden in Marokko und Algerien und eröffneten dort eine zweite Front gegen Deutschland und Italien. Im Mai 1943 kapitulierten in Tunesien 250 000 Soldaten der »Heeresgruppe Afrika«.

Die Landung amerikanisch-britischer Streitkräfte in Marokko und Algerien am 7./8. November 1942.

Aus: H.-A. Jacobsen, H. Dollinger (Hrsg.), Der Zweite Weltkrieg in Bildern und Dokumenten, Bd. 2, 1941—1943, Desch-Verlag, München 1962, S. 260.

Hitler im Würgegriff der Alliierten (1942)

Russische Karikatur, 1942.

Aus: Zentner, Chr., Zentners Illustrierte Weltgeschichte, Südwest-Verlag, München 1972, S. 477.

Aussagen der Karikatur

Im Mittelpunkt der Karikatur ist Hitler dargestellt. Er hält sich gerade noch auf einem Bein, das andere hängt in der Luft, der Körper ist weit nach hinten gebeugt, so daß er in Gefahr ist, auf den Rücken zu fallen. Hitlers Gesicht drückt blinden Fanatismus, Verzweiflung, Ausweglosigkeit und Untergang aus. Um seinen Hals ist ein Tuch geknotet. An dessen drei Endstücken ziehen kräftige Hände — an jedem Arm befindet sich das nationale Symbol eines der drei Alliierten — den Würgegriff enger. In der rechten Hand hält Hitler eine Pistole, mit der er unkontrolliert und verzweifelt um sich schießt. Am Boden liegt ein Berg toter Menschen.

Die Karikatur bezieht sich auf die Kriegslage im 2. Halbjahr 1942. Die deutschen Truppen und ihre Verbündeten sind mehr und mehr überfordert. Auf den Schlachtfeldern, vor allem aber im Luftraum, wird die Überlegenheit der Alliierten offensichtlich.

Einsatz im Unterricht

Thema: Verlauf des Zweiten Weltkrieges

Alternative Einsatzmöglichkeiten:

— Lösungsphase
Die Karikatur wird als Teil eines Informationstextes zum Kriegsverlauf eingesetzt.

— Anwendungs- und Vertiefungsphase
Die Schüler werden zur Interpretation der Karikatur aufgefordert. Diese Aufgabenstellung verlangt von ihnen die Anwendung wesentlicher, zuvor erarbeiteter Fakten. In diesem Zusammenhang stellt die Karikatur ein ausgezeichnetes Medium der Provokation und der Vertiefung dar.

Geschichte in Unterrichtsmodellen

Ein neunbändiges Geschichtswerk, herausgegeben von Werner Loch, in Zusammenarbeit mit namhaften Fachdidaktikern, jeweils mit dem korrespondierenden Schülerarbeitsbuch, das alle Arbeitsmaterialien und zusätzliche Lesetexte enthält. Der Arbeitsteil beinhaltet eine gezielte, auf die didaktisch-methodische Konzeption ausgerichtete Mediensammlung, während der Leseteil vor allem den affektiven Bereich anspricht. Erzählungen, Berichte und biographische Texte wollen der Vertiefung dienen und motivieren. Sie eignen sich für die Behandlung im Unterricht, bieten sich aber im besonderen auch als weiterführende Lektüre der Schüler außerhalb des Geschichtsunterrichtes an.

Alle Unterrichtseinheiten sind in der Praxis erprobt und bieten eine fachwissenschaftliche Information, eine didaktische Aufbereitung, eine konkrete Beschreibung der Lernziele und eine detaillierte Verlaufsplanung mit den erforderlichen Unterrichtsmaterialien.

Band 1: **Die Menschen der Vorzeit. Die Griechen (1012)** DM 22,80
Schülerarbeitsbuch (3538) DM 6,80

Band 2: **Römer und Germanen (1020)** DM 22,80
Schülerarbeitsbuch (3023) DM 5,80

Band 3: **Das Mittelalter (1039)** DM 29,—
Schülerarbeitsbuch (3031) DM 8,80

Band 4: **Erfindungen und Entdeckungen —
Reformation und Konfessionskriege (1047)** DM 24,80
Schülerarbeitsbuch (3546) DM 7,80

Band 5: **Vom europäischen Absolutismus zum Zeitalter Napoleons (1500)** DM 28,—
Schülerarbeitsbuch (3554) DM 8,80

Band 6: **Vom Wiener Kongreß bis zum Deutschen Reich (1519)** DM 28,—
Schülerarbeitsbuch (3562) DM 7,80

Band 7: **Der Erste Weltkrieg und die Weimarer Republik (1071)** DM 28,—
Schülerarbeitsbuch (3570) DM 8,20

Band 8: **Der Nationalsozialismus (1004)** DM 28,—
Schülerarbeitsbuch (3589) DM 8,80

Band 9: **Die deutsche Nachkriegsgeschichte (1527)** DM 22,80
Schülerarbeitsbuch (3597) DM 7,80

FRANKONIUS VERLAG · POSTFACH 140 · D-6250 LIMBURG 1

Sozialkunde in Unterrichtsmodellen

Ein jeweils dreibändiges Sozialkundewerk für die Hauptschule und für die Realschule, herausgegeben von Herbert Aufderheide und Werner Loch.

Das Werk gliedert sich in Lehrerhandbücher und in die dazu entsprechenden Schülerarbeitsbücher. Die Lehrerhandbücher beinhalten eine ausführliche Sachinformation, eine konkrete Beschreibung der Lernziele und detaillierte Unterrichtsentwürfe mit strukturierten Tafelbildern: Band 1 (806) DM 24,80; Band 2 (814) DM 26,80; Band 3 (822) DM 32,—.

Die dazu entsprechenden, farbig gestalteten Schülerarbeitsbücher enthalten nicht nur die Unterrichtsmaterialien, sondern auch zusätzliche Lesetexte, die sich für die Unterrichtsgestaltung ebenso eignen wie als weiterführende Lektüre:

HAUPTSCHULE:

HS Band 1 / 7. Schuljahr (3805/3619)   DM 12,—
— Die Schulklasse als Gruppe
— Die Gemeinde als politisches Aktionsfeld
— Die Familie

HS Band 2 / 8. Schuljahr (3627)   DM 16,80
— Aufgaben der Massenmedien
— Die politische Ordnung der BRD
— Recht und Rechtsprechung

HS Band 3 / 9. Schuljahr (3635)   DM 14,80
— Sozialismus in der DDR
— Friedenssicherung als Aufgabe internationaler Politik

REALSCHULE:

RS Band 1 / 8. Schuljahr (3643)   DM 13,80
— Das Zusammenleben in der Schulklasse
— Erziehung und soziales Lernen in der Familie
— Politische Beteiligung in der Gemeinde
— Aufgaben der Massenmedien
— Berufswahlunterricht

RS Band 2 / 9. Schuljahr (3651)   DM 16,—
— Berufswahlunterricht
— Politische Willensbildung durch die Parteien
— Politische Ordnung der BRD

RS Band 3 / 10. Schuljahr (3678)   DM 13,80
— Recht und Rechtsprechung
— Grundfragen der Wirtschaftsordnung und -politik
— Sozialismus in der DDR
— Friedenssicherung als Aufgabe internationaler Politik

FRANKONIUS VERLAG · POSTFACH 140 · D-6250 LIMBURG 1